Forgiven Submarine *is, in effect, a jou.    ,   uund the earth in 35 poems. Beyond the*
*marvelous scapes seen from the aquatic womb inside the vehicle that hosts the two poets, we*
*see passing by the metaphysical orgasms, hormonal anxieties, the post-apocalyptic remains*
*and marvels of the world we were given, the sharply delineated factual reality within*
*mescaline visions seen with the eyes of the mind. What is, in the end, this submarine?*
*A phallic symbol or a vehicle of transcendence? A beat aftereffect or an urge to create text?*
*The bastard of an impossible coupling between its two protagonists or the legitimate child*
*of an alchemical conjunction? A flying dutchman or a drunken boat? Stairway to Heaven*
*or Highway to Hell? And why must it be forgiven? For the sin of writing? Wanting?*
*Dreaming? Living? In the end,* Forgiven Submarine *accepts affirmative answers to all*
*those questions. At the same time, it negates them all. The travelers refuse to set anchor on*
*either side. They subvert the dramatic with the frivolous and sabotage the existential*
*through self-reference. Still, as Freud taught us, the repressed always returns and, unfortu-*
*nately, takes charge. Thus, gravity goes beyond the fine sieve of irony, and the illusion of*
*fiction is unwoven by the crystalline clarity of the imagination."*
—Andrei Terian, in *Cultura*

*The tension and special beauty of this book come not only from the literary dialogue and*
*the splendid immersion in the years of childhood and adolescence, but also and mostly, from*
*the manner in which the authors live and write their mutual attraction. While she is the*
*seductress, a character Ruxandra Cesereanu has already established, a courtesan who*
*tempts but remains outside her enchanted fishing net, he is the lover. The book is, in anoth-*
*er sense, also the unforgiving confrontation with passion becoming an illusion of love; yet*
*the unfolding of this love undoing itself is not without tenderness, sweetness, and humor*
*pushed to the limit of sarcasm.*
—Sanda Cordoş, in *Dilemateca*

*If this wasn't a vast epic written collaboratively by two poets, we could read here a contemporary fantasia, following the lines of a story taking place in a geographical neverland, following earnestly the adventures of a strangely erotic and aphrodisiacal couple. As it is, we can only suspect* Forgiven Submarine *of having been born from a deliberate script based on a story, one of those stories heard in childhood and written in adulthood. Why such a title? Who or what is, finally, this forgiven submarine? What is its relation with its British musical kin? An intellectual premise might help: one can be sketched, the other not. One can, if needed, be built by a team of engineers, the other wouldn't hear of anything that mundane.* Forgiven Submarine *is a book I'd like to e-mail to all my friends.*

—Cosmin Ciotloş in *România Literară*

*To forgive a submarine it must be beautifully decorated like a Fabergé egg, or silent and fierce like a hammerhead shark.* Forgiven Submarine, *meticulously built by Ruxandra Cesereanu and Andrei Codrescu, through electronic exchange of fragments, belongs to the first category, that of artistic artifact rich in exuberantly beautiful details. But if only exuberant beauty were in play, the* Submarine *would never find salvation. There are, however, other qualities, that redeem its erudite vagabondage: fantasy, humor, the tart reference, the fertile detail. Even though written by two poets, this is a unified mega-poem, and it is often impossible to know who's manning the periscope: the American beatnik with the Transylvanian moustache, or the delirious pianist witch. There is a great deal more to discuss, but briefly, from the one-way submersion of* Forgiven Submarine, *Romanian literature finds itself owning a strange and living jewel that its treasure-chest lacked until now.*

—Felix Nicolau, in *Luceafărul*

# Forgiven Submarine

By RUXANDRA CESEREANU

and

ANDREI CODRESCU

translated from the romanian by andrei codrescu

introduction by mircea cărtărescu

# Forgiven Submarine

By RUXANDRA CESEREANU

and

ANDREI CODRESCU

translated from the romanian by andrei codrescu

introduction by mircea cărtărescu

BLACK
WIDOW
PRESS

www.blackwidowpress.com

FORGIVEN SUBMARINE ©2009 Ruxandra Cesereanu and Andrei Codrescu. Introduction ©2009 Mircea Cărtărescu. Originally published in Romania by Editura Brumar. *Submarinul iertat* ©2007 Ruxandra Cesereanu and Andrei Codrescu.

Black Widow Press is an imprint of Commonwealth Books, Inc., Boston, MA. Distributed to the trade by NBN (National Book Network) throughout North America, Canada, and the U.K. All Black Widow Press books are printed on acid-free paper. Black Widow Press and its logo are registered trademarks of Commonwealth Books, Inc.

Joseph S. Phillips, Publisher
www.blackwidowpress.com

Book and Cover Design: Kerrie Kemperman
Art and illustrations: Radu Chio

ISBN-13: 978-0-9818088-3-3
ISBN-10: 0-9818088-3-2

Library of Congress Cataloging-in-Publication Data on file

Cesereanu, Ruxandra, 1963– and Codrescu, Andrei, 1946–

Printed by BookMobile

10  9  8  7  6  5  4  3  2  1

# Acknowledgments

The authors are grateful to Editura Brumar and its editor, Robert Şerban, who published the beautiful, deluxe, Romanian edition of *Forgiven Submarine* (*Submarinul Iertat*) in 2007. We are also grateful to Black Widow Press and its editor, Joe Phillips, for taking such care with the English edition. Our gratitude is as boundless as it is sincere, and we lavish a great deal of it on the receptive Romanian poetry lovers who listened to complete readings of this poem in the cities of Sibiu and Cluj in Transylvania, Romania. The critical reception of the Romanian book was exceptional as well: it was awarded the important annual Radio-Cultural Prize for the best poetry book of 2007, and it received discriminating attention in the Romanian literary press from brilliant critics. We are gratified and hope that the translation carries some of that goodwill to the English language reader.

# Submarinul absent din orice buchet

## by Mircea Cărtărescu

Înainte să ştiu ce-ar trebui să scriu în prefaţa la poemul care urmează – poemele, se ştie, n-au nevoie de prefeţe -, am ştiut prea bine ce nu trebuie şi nu vreau să scriu: un alt poem. Ca şi în sex, şi în poezie ideea de 3some poate fi excitantă, dar pusă în practică are mai totdeauna o grămadă de neajunsuri. Chiar dac-aş putea, n-aş vrea să concurez volutele şi contorsiunile poetice ale celor doi protagonişti, zbaterile lor de peşti pe uscat şi unduirile lor de peşti în mare. Voi fi doar maşiniştul care ridică, lent şi solemn, cortina, lăsând să se desfăşoare în faţa privirilor dumneavoastră un spectacol rar, derutant, pasionant, un peep-show metafizic ce vă va lăsa cu răsuflarea tăiată. Toate fotoliile din stal au centuri de siguranţă, şi nu în zadar. Prindeţi-vi-le bine, căci vor urma looping-uri şi picaje ameţitoare. V-aţi verificat tensiunea? Trebuie s-o aveţi de pilot de supersonic, căci veţi suporta acceleraţii ce-or să vă golească arterele cerebrale de sânge.

Obiectul care umple scena e submarinul iertat. De ce „submarin" şi de ce (de cine?) „iertat", nu mi-e îngăduit să v-o spun. Chiar în poem mi se interzice ritos orice aluzie la Freud, Deleuze, Derrida sau Foucault, faimoşii constructori de submersibile. Prin urmare, nu pot folosi cuvântul „profund", oceanul nu este subconştientul, iar submarinul nu poate fi un falus. Nici măcar o pulă, căci pe coaja metalică a bestiei adâncurilor e gravată o sentinţă sobră şi fără drept de apel ca din Wittgenstein: PULA TARE NU CERE IERTARE. Prin urmare, obiectul (poemului) va fi moale şi curgător ca şi acesta, va fi de fapt chiar poemul. Submarinul este însuşi poemul, ne aflăm într-un poem în formă de submarin.

Galben, fireşte, pentru că beatlesian. Pentru că psihedelic. Pentru că emană un damf puternic de votcă şi marijuana. Pentru că unul dintre piloţi e un beatnik veteran, cu spinarea tăbăcită de bastoanele de cauciuc ale establish-

# Submarine not included with bouquet

*by Mircea Cărtărescu*

Before figuring out how to introduce the poem that follows—poems, we know, don't need introductions—I knew very well what I didn't need or want to do: write another poem. In poetry, as in sex, the idea of a threesome can be thrilling, but, in practice, there are a number of drawbacks. Even if I could, I wouldn't want to try to outdo the poetic twists and contortions of the two protagonists, their convulsions of fish on land and their fish in the sea undulations. I will only be the technician who lifts, solemnly and attentively, the curtain, leaving to your gazes a rare, startling, passionate spectacle, a metaphysical peep show that will leave you breathless. All the balcony seats have safety belts for a good reason. Tighten them well because there will be dizzying leaps and and abrupt falls. Did you check your blood pressure? You'll need the cool of a supersonic jet pilot to endure the accelerations that will draw the blood from your brain.

The object that fills the stage is the forgiven submarine. I am not permitted to tell you why a "submarine," and why (and by whom) "forgiven." The poem itself forbids expressly any reference to Freud, Derrida, or Foucault, the famous builders of submersibles. I cannot, therefore, use the word "profound," the ocean is not a subconscious, and the submarine cannot be a phallus. It cannot even be a cock, because on the metal skin of the beast from the depths is engraved a sober sentence, without appeal: "PULA TARE NU CERE IERTARE. A HARD DICK DOESN'T SAY SORRY." Thus, the purpose (of the poem) will be fluid and soft, like the poem itself. The submarine is the poem, we find ourselves inside a submarine-shaped poem.

Yellow, of course, because it is beatlesque. And psychedelic. It pours forth a strong stink of pot and vodka. And because one of the pilots is a veteran beatnik scarred by the rubber truncheons of the establishment, and the other

mentului, iar celălalt o mască venețiană uitată, cu concavitatea mirosind a parfum și rimel, pe un morman de gunoi comunist. Să ne imaginăm un submarin galben levitând deasupra colinelor Transylvaniei.

Poemul e emoțional ca o telenovelă și fascinant ca o copulație. E o înfruntare între yin și yang, între agresivitatea masculină care ascunde candoarea și pudoarea feminină ce compensează prin furie rece. E o tachinare ambiguă, un joc erotic curcubean, un du-te vino de vorbe, vorbe, vorbe pe care le spui ca să-ți ascunzi tulburarea. Două trupuri poetice stau față-n față, înfășurate în feromonii imaginilor, se cheamă și își răspund, dar, ca în Mallarmé (paradoxalul zeu tutelar al acestui poem, căci submarinul, hai s-o spun totuși, e „iertat" în sensul de „abolit", de „trandafirul absent din orice buchet", de „sylphe de ce froid plafond"), nuntirea e imposibilă. Ritualul demperechere e cerebral și surrealist, iar după el urmează doar o irespirabilă tristețe creolă. Dincolo de splendoarea imageriei sale, *Submarinul iertat* e tragic ca *Luceafărul*.

Prin hublourile paraboloidului din adânc se zăresc, ca prin ocheane inversate, imagini transilvane și new-yorkeze din copilăria și adolescența piloților, moștre emoționante de gândire și de visare. Sunt insulele poetice cele mai prețioase ale acestei cărți. Submarinul devine aici o păpușă mutilată, un fetus, un morman de cărți mucegăite. Sexul de înger, fluturele cap-de-mort, pistolul de lemn sunt aici simboluri ale unor răni ce încă mai sângerează.

Țineți-vă bine, roller-coasterul a pornit. Poetul transilvan-beatnik-suprarealist-new-yorkez și poeta transilvană-vrăjitoare-barocă-clujeană, dansând în jurul submarinului absent cum o pereche valsează având între ei o coloană de aer, încep spectacolul de sunet și lumini, îngeri și demoni, femei și bărbați, rechini și nori, viață și moarte, tot și nimic.

a forgotten venetian masque, redolent of makeup and perfume, left on a mound of communist trash. Let's imagine a yellow submarine floating over the gentle hills of Transylvania.

This poem is moving like a soap opera and fascinating like copulation. It is a confrontation between yin and yang, between aggressive masculinity that hides its candor, and feminine reticence that compensates with cold fury. It's an ambiguous teasing, a rainbowy erotic game, a sally of words going back and forth, words, words spoken to hide distress. Two bodies of poetry stand facing each other within the pheromones of images, calling and answering, but as in Mallarmé (the titular deity of this poem because, let's say it anyway, the submarine is "forgiven" in the sense of being "abolished," the "rose absent from any bouquet" born of *"sylphe de ce froid platfond"*), the wedding cannot be consummated. The mating ritual is cerebral and surrealist, followed by an unbearable Creole sadness. Beyond the splendor of its imagery, the submarine is tragic like *Luceafărul.*

In the oblong windows of the parabolic shape in the depths, we glimpse as if in reversed looking-glasses, Transylvanian and New York scenes from the pilots' childhood and adolescence, moving displays of thought and dream. These are the most precious islands of this book. Here, the submarine becomes a mutilated doll, a fetus, a pile of moldy books. The death's-head moth, the angel's sex, are wounds that still bleed.

Hold on tightly, the roller-coaster has started. The transylvanian-beatnik-surrealist-new yorker and the transylvanian-baroque-witch poet from Cluj, are dancing around the submarine holding a column of air between them, ready to begin their show of lights and sound, angels and demons, life and death, everything and nothing.

---

*Luceafărul,* the tragic epic by Romania's great romantic, Mihai Eminescu, a poem that tells the story of the impossible love between a human and the Evening Star.

# Submarinul iertat

de multă vreme am simţit nevoia să mă scobor într-un submarin scufundat
să mă înec în el de bunăvoie dar nu singură ci cu un alt idiot beat
veşmintele să mi le simt ca pe nişte îngeri umezi cu buze tăiate
părul să mi se facă un taifun cu mişter cârlionţat
doar alături de alt idiot submarinul acesta scufundat
ar fi fost de fapt un submarin iertat
dar iertat de cine la naiba
de dumnezeu de animale de obiecte de alte făpturi cu miros neelucidat
nici eu n-aveam habar şi haleluiam cu iertarea în gât
gâfâind să mă închid în acel submarin scufundat.

# Forgiven Submarine

for some time now I felt the need to dive down to a submerged submarine
to willingly lose myself inside of it not alone but with a drunk fool in tow
to feel clothed in angels bleeding from their lips
to feel my hair electrified by a hurricane a mystery of curls
with a drunken fool in tow we'd make of this a forgiven submarine
but forgiven by whom for chrissakes
by god by animals by creatures stinking of something nameless
I had no idea but I kept humming about this forgiveness stuck in my throat
panting for wanting to lock myself inside this submerged submersible.

de multă vreme era nevoie de un pilot nou
pentru că din cei doi cu care-și începuse submarinul călătoria
unul murise în bibliotecă cu un raft dărâmat pe el
când se izbise submarinul de o materie dură și gri
zeul plictiselii care umbla ca un nebun pe fundul mării
poftind numai icari submarini și căutători de adâncimi
celălalt evitase să fie mâncat dar murea de foame acum
și crescuse imens nevoia lui de un tovarăș înaripat
cu carnet de conducător în adâncimi
dar având contact numai cu faldurile cărnoase și spiralele
adâncului făcea reclama numai telepatic și aproape nimic
din mesajele lui nu ajungea la suprafață unde mii de idioți
acopereau marea cu scrise în fosfor cuvințele pe hârtie de spumă
dar într-o zi s-a întrerupt electricitatea și a coborât un întuneric catifelat
o iertare adâncă și fără nume care venea din ea însăși.

&

for some time now I've been feeling the need for a co-pilot
because of the original two who'd begun their journey in the submarine
one died in the library under a bookshelf that fell on him
when the submarine hit hard gray matter
the god of boredom walking madly to and fro on the ocean bottom
seized by an appetite for icarus for submarines and depth seekers
the other had barely escaped being devoured and was now dying of hunger
and my need for a wingèd companion was growing unchecked
I had a license to drive in the depths
but since I'd been pacified somewhat by fleshy folds and spirals
I sang the praises of depths only telepathically
depths unentered that my calls reached only superficially
to where thousands of idiots covered the great ocean scribbling
with phosphorescent ink on the foam
but one day the electricity failed and a velvety darkness descended
a deep and nameless forgiveness born of itself.

&

iată prăpastia pe care atâta timp am râvnit-o
aşa chicotea şi fâlfâia scafandrul cel viu
chiar dacă şi celălalt mai trăia în marsupiul de cauciuc al celui înfometat
iată voiajul prin apele acrişoare coajă având de măr verde
iată abisul vertijul groapa morţii cu dinţi
iată unghiile sărate şi lungi care au tărie şi ascuţime de subterană
iată spaima privind în oglinda licoroasă ca un câine loial
ori ca un iubit aproape deloc diafan şi puţin brutal
iată zidul fără fisură ascuns
un fetus în submarinul scufundat zis submarinul iertat
cei doi scafandri erau o pianistă zdruncinată şi un amerikan miop şi beţivan
îngemănaţi pentru plonjări la mare adâncime
o pianistă cu părul din neverland şi un amerikan cu mustaţă din transylvania
dar cu simţire puhoi în faţa neantului ras în cap şi la subsuori
un neant new age cu cercel în ureche şi lanţuri de aur fin la glezne
care zornăiau făcând marea să spumege şi minţile să rumege
ahoe submarinule iertat
către tine venim la un îndelung şi nemătăsos scufundat.

&

here is the precipice I've been dreaming of
this is what the living diver in me fluttered and whispered for
even if my other was still living in the rubber fossil of *his* hungry other
here it is the journey through the acrid-sweet water tasting of apple peel
here is the abyss the vertigo the funnel of death baring its teeth
here are the sharp salty nails sharpened in the dark
look here is terror looking at herself in the melting mirror a faithful dog
or an unsubtle and a bit brutal lover
here is the hidden wall without a single crack
a fetus in the submerged submarine known also as the forgiven
the two divers were a shook-up pianist
and a nearsighted drunk amerikan beatnik
banding together for dives to great depths
a pianist with hair from neverland and an amerikan
with transylvanian moustaches sensitised by the imminence of nothingness
his head and armpits shaved one earring in his ear new age aimlessness
gold chains jingling on his ankles setting the ocean foaming
and setting minds to work chewing the cud
ahoy there forgiven submarine
we are diving your way out of submerged and unadorned time.

ahoe departe eşti submarinule
din fericire eşti încă departe deşi-ţi simţim durerea
înfiptă în porticica infinitului subconştient al mării
gustăm fiecare stânjen pentru care inventăm un joc
înţeles de fauna şi flora marină care muşcă şi mângâie
corpurile scafandrilor sau poate numai să ne înţeleagă vor
dar obiectul jocului e să-i lăsăm să moară de dor şi de mister
cu ventuzele aprinse de imposibilitatea de a te înţelege pianista
cu păr multicolor şi glezne zurgălăind în spirale peste ochii holbaţi
neînţeles rămâne şi călătorul uscat în deşerturile arizonei
el se aprinde din răni subţiri într-o flacără verzuie.

&

ahoy there submarine you are far very far
happily you are far but already we feel the suffering
of your being wedged within the tight entry
to the ocean's infinite subconscious
we taste each fathom and for each we invent a game
joined by the creatures and flora of the sea who love to bite
and caress our divers' bodies or maybe they want only to understand
the objective of our game which is to kill them with hunger and mystery
to light up their tentacular mouths with the futility of knowing you
pianist with multicolored hair and anklets spirally clinking above
    their bulbous eyes
inexplicable remains also your traveling companion
dried in the deserts of arizona
he catches fire from his cuts & burns with a greenish flame.

&

ar trebui poate să spun acum
că pianista și amerikanul aveau creierul scrum
că abuzau de delir ca niște violatori de mescalină
ingerată în decalitri de benzină explodată în gol
o benzină zăpăcitoare cu limbi de șarpe hipnotizator
cu fălci de rechin bubuitor
o benzină sau poate o limuzină aiuritoare cine să știe
delirul era un înger păzitor cu aripi hăcuite de foc
era un oftat de exterminator
așa că submarinul îi găzduia în pântecul său pe cei doi delirați deliranți
care puteau fi în același timp niște îmblânzitori de elefanți
sau pitici sacerdoți ori ochioși hierofanți
dar mai bine să ne întoarcem măcar o clipă la suprafața mării
și să o zgândărim puțin cât să nu uităm
că suntem vii și morți la un loc
că suntem năuciți de tăișul lumii
cu caschetă și ochelari de aviator.

&

I probably should tell you now
that both pianist and amerikan had ashes for brains
that they were abusers of ecstasy mescaline transgressors
that they did shots of exploding gasoline inside voids
mind-altering gasoline putting out hypnotic snake tongues
from jaws of sharks exploding loudly out of the water
gasoline or maybe a phantom-limousine who knows
delirium is a guardian angel with wings forged from fire
it is the sigh of the exterminator
so the submarine hides in its womb the two delirious voyagers
who could have been elephant-tamers
or holy dwarfs or chalice-bearers with big eyes
but let's return for a moment to the surface of the sea
to splash a bit so we won't forget
that we are simultaneously dead and alive
that we are wounded by the blades of the world
inside our helmets and pilots' goggles.

când morți suntem morți de oboseală când vii
noi energii nenăscute dansează-n noi cu fulgere-n ape
dar ne întoarcem la lansarea submarinului încă nescufundat
construit într-un ceas delirant de un popor hipnotizat
milioane de oameni și-au depozitat speranțele în el
ca fluturi de rugăciuni în zidul plângerii cu motor
dar submarinul obraznic le-a scăpat din vedere
lansat într-o noapte fără stele de doi hoți
o pianistă grăbit îmbrăcată într-un sul de muzică lăsat
cu un trandafir galben pe noptieră de un meloman
și un beatnik cu o pungă de mescalină la brâu și o desagă
plină de rețete salutare și fiole de argint vitriol și parfum
semnaseră amândoi ceva înainte de lansarea în adâncuri
o fițuică identică în vremuri radical diferite
(că veneau din epoci care nu se învecinau)
un contract pe cămașa unui mort care plutise în port
ceva care spunea cu litere mari că dacă o să fie înghițiți de abis
nu o să le îngăduie nimeni existența nici în vis
și cu litere mici că unul o să fie înăuntru și altul afară
pe durata de o clipă infinită fără să știe care-năuntru care afară
și că unul o să fie pilot și altul un înger lacom râvnitor de cârmă
și că o să-și schimbe hainele și dorințele când jivinele mării or vrea
și că puterile lor mari vor fi schimbătoare că-și pot lungi mâinile
și-și pot adăuga organe vii de făpturi acvatice terestre și îngerești
pene de corb sfârcuri de căprioare erecții de minotauri ochi de stridii

when dead we are dead-tired when alive
unborn energies dance inside us lightning bolts on water
let's return then to the birth-launch of the yet-untested submarine
built in a delirious hour by a people hypnotized
millions of people deposited their hopes inside its body
like butterflies of prayers stuck in a motorized wailing wall
but the insubordinate submarine escaped from under their watch
and was launched downward on a starless night by two thieves
a pianist dressed in a hurry in a sheet of music left on her piano
          along with a yellow rose by a music-lover and fan
and her cohort the beatnik with a flask of mescaline-spiked rum
        and a backpack full of health advice and silver flutes
                holding poison and perfume
before plunging into the depths they both signed something
an identical writ inscribed at different times
(because they were spawn of ages that didn't coincide)
a contract written on a dead man's shirt who floated into port
something stated in large script to the effect that if the abyss swallowed them
their existence would be denied by all even in dreams
and in small-print that one of them will be inside the other outside
for an infinite second without knowing for certain who inside and who out
and that one will be the pilot and the other an angel greedy for the wheel
and that they would be free to change clothes and desires
at the whim of great underwater beasts
and that their powers would be great that they'd be able to elongate
their hands at will and that they could absorb live organs from any creature
terrestrial or angelic and raven feathers onto their skin and the nipples of does
minotaur erections mollusk eyes and also more eyes in their armpits

un ochi în plus în gât ochi la subsuori în palmele alungite
urechi trezite și frumos ascuțite în plianturi între degetușele îndoite
ale picioarelor lor tăind săgeți prin spuma înstelată
și cu cât mai adânc ajungeau cu atât mai puternic se manifestau
dorințele fosforescente ale rechinilor imenși și ale sirenelor dezlănțuite
care le urmăreau coborâșul și dansul delirant cu submarinul
în care pianista răvășită de lumini dormea deja cu îndârjire
pentru că știa că în două ore sau o infinită clipă va fi smulsă din somn
și zvârlită în viitor unde un pilot nou cobora către ea
un bărbat după care luptele universului inclusiv lupta de clasă
lăsau trasoare de dansatori desfrânați în bule de sânge
și părăsindu-și refugiul să-noate cu el pierdea submarinul scufundat
submarinul condamnat eventual la iertare o lacrimă de fier
un glonț de lumină fără ferestre și fără uși închis în esența lui cilindrică.

and an eye in the neck and in their elongated palms
that their ears would be awake and sharpened elegantly
and that they might fold and be folded as the starry foam of the sea
flowed through their stretched toes fanning out
and that the deeper they dived the stronger would manifest the desires
of giant phosphorescent sharks within them and of the unleashed sirens
who followed them in their descent astride the submarine
inside of which the pianist ravaged by lights was now sleeping hard
knowing that in an hour or two or in a sudden huge moment
she'd be wrenched from sleep and hurled into the future
where a new pilot would descend toward her a man
followed by the tracer-bullets of dancers inside bubbles of blood
spilled in the wars of this or that universe class-struggle included
and she might then be compelled to abandon her refuge to swim up
to him losing the submarine submerged the submarine condemned
to an eventual forgiveness a fallen iron tear
a windowless and doorless bullet of light enclosed in its cylindrical essence.

&

ştiu că sună nechibzuit dar într-o zi submarinul s-a dus la ſpovedanie
iertare iertare a scâncit el ca un nou-născut
fiindcă moartea nu eſte neapărat o înſþăimântătoare dihanie
atunci pianiſta şi amerikanul au îngenuncheat printre corali
printre alge zvâcnitoare şi peşti auſtrali
amerikanul trăgea de muſtaţa lui ca de un cordon ombilical
pianiſta îşi răsucea părul ca pe un faraon în ſpital
şi amândoi haleluiau pe un soi de muzică rock topită de ocean
căci sunetele ieşeau pompate printr-un paravan de mărgean
aşa că în rugăciunea lor neobişnuită au început să dănţuiască
şi-mpreună cu ei submarinul s-a ghemuit ca un derviş rotitor
aproape să pleznească cerşind îndurare
pentru picioarele lui lungi până-n gât de submarin
coapse de top model acvatic carne licoroasă de delfin
ehei submarinule ſþune şi tu acum cine să îţi acorde iertarea
decât zona vie şi ſtraşnică zisă transylvania
ehei începuseră să chiuie pianiſta şi amerikanul
un tărâm ſþiralat o câmpie-nfoiată câini ciobăneşti şi miros de toamnă
şi uite-aşa *zona aceea* se afla şi ea acolo în submarin
ba chiar scufundată într-un clondir cu vin tămâios şi pelin
pe care cei doi deliraţi deliranţi îl băuseră alchimic până la capăt
ca să uite de bătrâneţe de moarte de ſterpeţe de lehamite de pliĉtis
dar mai ales de ceasornicul nesătul dichisit cu picioroange din vis.

&

I know it sounds incredible but one day the submarine went to confession
forgiveness forgiveness he shrieked like a newborn
because death is surely not a terrifying beast
the pianist and the beatnik knelt down in the coral reef
between pulsing algae and australian fish
the amerikan pulled on his 'stache as if it was his umbilicus
the pianist twisted her hair like a wounded pharaoh in the hospital
and both were singing a sort of rock 'n' roll hallelujah melted by waves
because the sounds pushed through a ceiling of coral
and so they began dancing to the tune of their unusual prayer
and the submarine twirled like a whirling dervish
near to bursting while begging for indulgence
for his long legs starting practically in his neck
his top-model thighs his languid dolphin flesh
hey submarine tell us please now who is going to forgive you
if not the fabulous and vigorous region known as transylvania
hey hey the pianist and the amerikan shouted and wailed
a spiraling kingdom a folded field sheep dogs and the smell of autumn
what do you know *that kingdom* too lived inside the submarine
preserved inside a grail-cup within wormwood-spiced wine
drunk swiftly and alchemically down by the delirious hallucinators
to forget old age and death sterility boredom and ennui
and above all the unquenchable clock with spider-legs from dreams.

&

mă rog dacă vă găsiți din întâmplare sau din practica poeziei
într-un submarin în genunchi să nu vă speriați imediat
aveți timp și dacă întrebați de ce-și cere iertare un submarin
care-și face datoria în adâncul cel mai adânc unde nu pătrunde
decât el și marea multicoloră multimusculară și multiluminoasă
să știți că răspunsul nu vine din submarinul creat numai să exploreze
ci din mare din apele ultransensibilizate la comunicare
care aud reproșuri de la suprafață făcute de pământeni aduse
în creierii scrum ai celor doi piloți de altfel extrem de curajoși
unul în cămașă de noapte violetă cu cosițe panteiste împletite strâmt
cu o tarantulă catifelată agățată de un lănțișor de aur între sâni
și o întreagă lume aranjată bucolic între mâinile ei împreunate
celălalt un panteist convins cu pan tatuat pe burtă
cu un singur gând în cap: vreau să te sărut
piloți nervoși ca niște cai de cursă pentru că simțeau apropierea
unei certe metafizice rezolvabilă numai printr-un sejur în transylvania
se petreceau chestii transformative în submarinul îngenuncheat.

well if you find yourself by chance or from the practice of poetry
inside a kneeling submarine don't panic instantly
you have time to ask why is a submarine begging for forgiveness
if it's only doing its duty in the deepest deeps where only he
and the multi-luminous and muscularly rippled sea may enter
and the answer can't come from what was made only to explore
but from the sea from the waves made sensitive to communication
which hear the reproaches of earthlings issuing from burnt-crisp brains
though they are courageous these earthlings nonetheless
one dressed for bed with her pantheist hair woven tightly in rows
and a velvety tarantula hanging from a golden chain between her breasts
and an entire world ordered bucolically between her praying hands
the other one an unrepentant pantheist with pan tattooed on his belly
and a single track in his one-thought mind: I want to kiss you
both pilots nervous like race horses feeling the approach
of a metaphysical quarrel savable only by a trip to transylvania
transformative changes are stirring in the kneeling submarine.

&

ehei transylvania de pe fundul oceanului era o răzmeriță de culori și forme
o colecție de neauzite și nevăzute abnorme
o vânzoleală de verde crud și petrol și brotac topit într-un fel de coniac
un cocteil suprem licoros cu efect de hiperbolic mac
transylvania dintre algele moluscoase și tactile
era o fecioară-femeie-amazoană cu porii deschiși cu nările febrile
o femelă tânără și bătrână la un loc
dorită de toți tigrii dungați care-și hașurau poftele și dragostea fără noroc
căci ce altceva decât himera era de căutat pe fundul oceanului
ori poate dumnezeirea cu genunchii la gură și cu troznetul pielii neantului
viața zebrată moartea cambrată viațașimoartea clorurată
ținută-ntr-un borcan pe fundul mării la naiba știe
iuhuu să plecăm de-aici submarinule către alte lumi complicate de la periferie.

30

hey on the ocean-bottom transylvania was a riot of forms and colors
a collection of unseen and unheard-of oddities
a squirming of crude green and oil and tree-frog dissolved in cognac
a smooth grand cocktail with the opiate effects of a mega-poppy
this transylvania situated between tactile mollusk-stalks
was a virgin-woman-amazon with feverish nostrils and open pores
equally a young female and an old woman
wanted by all the striped tigers scribbling their appetites and unlucky love
clearly what else but chimera might one look for on the ocean's bottom
or maybe the godhead with its knees in mouth and its cracking skin of void
a striped life a curved death a chlorinated life-death
held tight in a jar on the ocean-bottom who knows why
heyhey let's split from here sub let's go to more complex distant edges.

draga mea tovarașă de drum și mașinistă cu ulei de mașină pe șortul mini
am examinat submarinul noaptea trecută când tu dormeai și am descoperit
că nu-i compus din năzuința unui popor cum credeam și nici din metal nou
forjat în cazanul alchimic al unei întreprinderi secrete de babe imortale
cu mare tristețe am descoperit că nu a fost produs nici din scrumul pipelor
domnilor freud deleuze și magritte și nici măcar de jules verne sau nemo
i-am examinat atent solzii argintii de pește acoperind pielea fină dedesubt
am ras un petec cu briceagul și am găsit sub piele niște cuvinte șlefuite
tăiate într-o marmură roză dar caldă fiindcă era și ea un fel de piele
și sub această piele marmoreală am găsit încă o piele moale care se întărea
când șopteam cuvintele șlefuite pe care le-am citit cu vârful degetelor
și cu cât mai mult exploram suprafața submarinului deveneam convins
că era un phalus alungat pe fundul mării de o dragoste vinovată
care-și construise o vilă solară la suprafață dar noaptea râvnea la iubitul
ei din adâncuri și visa valurile în care-l înmormântase ea însăși
și vroia să se scufunde în adâncimi în el ca să devină sămânța născută
din dorința care-o adusese la el în primul rând și devenind sămânță
să se întoarcă la originea pură să-și regăsească inocența în nenăscut
ca o bună studentă a poeziei lui lucian blaga cu transylvania pe frunte
și m-am întristat grozav pentru că am înțeles că drumul întortocheat

my dear road-buddy and mechanic in your mini ſtained with motor-oil
laſt night when you slept I examined the submarine and discovered
that it wasn't built as I'd suſpected from a people's hope or a new metal
forged in the alchemical cauldron of an immortal witch's secret project
I discovered to my great dismay that it wasn't even made from the pipe-ash
of miſters freud deleuze or magritte or even jules verne or nemo
I examined its silvery fish-scales covering the fine skin underneath
I shaved a patch with my switchblade
and found some worn words on its skin
cut into warm rose marble that was itself a kind of skin
and under this marbled skin I found another soft skin that hardened
when I whiſpered the worn words I read with the tips of my fingers
and the longer I explored the sub's surface the more certain I became
that it was a phallus ſtretching on the sea bottom like a guilty love
which had built for itself a sunny villa on shore but at night longed
for its lover from the depths and dreamt the waves
in which she had buried him
and she wanted to plunge into the depths into him to become the seed born
from the desire that firſt brought her to him and by becoming seed
she might return to find a purity of innocence in the not-yet-born
like a good poetry ſtudent with blaga's verses[1] scribed on her forehead
and I became unaccountably sad because I underſtood our twiſted journey

al pasiunilor marine care mă adusese până aici nu era dansul nostru
de dragoste inventând lumi în spiralele luminoase ale jocului de poezie
ci numai moftul unei nimfe frumoase care avea nevoie de neființă
și de iertare și că nu submarinul cerea iertare ci ea însăși
submarinul era numai un phalus inocent și orb care tremura cu ea
și îngenunchea contra naturam pe genunchii pe care nu-i avea
și s-ar fi suit chiar în cer pentru ea dar nu avea aripi și nimeni nu i le da
și eu fusesem adus numai pentru că eram un vrăjitor cu lipici și pene
cunoscut pentru aripile pe care le-am cârpit de-a lungul anilor
atunci am decis că tu o să dormi pe veci în submarinul scufundat
frumoasă pianistă cu păr aprins de dorințele făpturilor vii
îți las o aripă din cele două pe care le pregătisem pentru submarin
iar eu o să urc până la suprafață neiertat și solitar cu aripa neîmperecheată.

of marine passions that carried me here was not our common dance
of love inventing luminous worlds in the spirals of the poetry-game
but the whim only of a lovely nymph who needed nonbeing
and forgiveness and the submarine was only a blind innocent phallus
trembling at her side and kneeling contra naturam on knees it didn't have
and he'd have ascended into the sky for her but had no wings

    or hope of them

and I had been brought along solely for my expertise with feathers and glue
I was known for the sturdy wings I'd patched together over the years
and I decided then that you will sleep forever within the submerged sub
you lovely pianist with hair aflame from the passions of living beasts
I'm leaving you one of the two wings I was crafting for our submarine
and I'll ascend unloved and alone to the surface now using the other.

&

deh pianiſta zdruncinată era într-adevăr o maşiniſtă cu degete îmbârligate
noaptea umbla somnambulă pe suprafaţa submarinului
şi crezând că aceſta e un pian cânta la el chopin dar şi keith jarrett
puţin rahmaninov şi alţi muzicanţi care ţineau ſtraşnic la beţie
amerikanul ştia că pianiſta avea sex de înger
şi mai ştia că aripile ei aveau ochi mici cusuţi ca nişte unghii cu sclipici
ce nu ştia era că pianiſta nu râvnea vreun phalus impudicus
ci doar la propriul ei sex de înger halucina
şi sângera ca o vrednică bibliotecă acvatică
cărţile din pântecul ei erau de aceea podoabele unor suflete înviate
drept care şoldurile îi erau înflorate ca la o femeie pletoasă din hawai
poate că submarinul era un phalus singuratic şi sfios
poate că submarinul era un bărbat neîndemânatic nepocăit dar firoscos
oricum la un moment dat submarinul a început să se înalţe puţin la cer
ca într-o levitaţie apoasă ori ca un noros cercel
amerikanul zăcea înăuntrul lui nebărbierit şi parţial îndrăgoſtit
ori lucrul aceſta era triſt al naibii
fiindcă amerikanul avea în el un gol de meteorit
s-ar fi jucat cu orice şi cu păpuşi gonflabile şi cu maşinuţe
şi cu papagali ſtridenţi şi cu duhul sfânt şi cu gărgăriţe în picăţele şi carouri

oh the pianist was devastated truly like a machine made of twisted fingers
she walked the night sleepless on top of the submarine
and believing it a piano she played chopin and also keith jarrett
a bit of rachmaninov and other pianists who loved being drunk
the american knew that she had the sex of an angel
he knew as well that sewn in her wings were tiny eyes
like sparkly fingernails
he clearly didn't know that she had no desire for an impertinent phallus
that she only hallucinated her own angelic sex
bleeding like a true underwater library
the books in her womb were the ornaments of souls reborn
which is why her hips flowered like a long-haired hawaiian goddess'
maybe the submarine was a lonely and shy phallus
maybe the submarine was a clumsy man unredeemed but clever
in any case the submarine began to rise skyward at a certain point
with the amerikan lying inside unshaven and partly in love
in wavy levitation like a cloudy earring
or maybe this was a truly sad situation
because the amerikan had a meteorite-hole within
and would have toyed with anything inflatable dolls and little motors
and loud parrots and the holy ghost and tarts in polka-dots and squares

cu aşa melanholie nehrănită şi ţinută-n menghină era greu să ieşi la liman
astfel încât amerikanul şi-a luat o singură aripă şi s-a înălţat la cer
iar submarinul după el a luat-o razna cu pianistă cu tot
zdruncinând-o şi mai tare pe cea cu sex de înger din tarot
nu s-a ridicat submarinul ca un elicopter şi nici ca un avion cu reacţie
ci s-a poticnit ca un cal năzdrăvan din ale cărui urechi ieşeau obiecte magice
apoi după o zvâcnitură şi aproape o căzătură
după ce s-a strivit puţin de graniţele prăpastiei din oceanul schizoidian
submarinul cu botul phalic a pornit-o în sus ca un peşte-fierăstrău
şi a tăiat văzduhurile şi ceţurile londoneze şi aburii botezului de sus
ca o cuminecătură pescuită dintr-un mort binecuvântat cu sufletul dus.

with such hungry and restrained melancholy there is no surfacing
so when the amerikan took his one wing and rose skyward
the submarine followed erratically with the pianist right on it
rattling her hard she of the angel sex from the tarot
the submarine didn't rise like a helicopter or a harrier jet
but bolted haltingly a magical horse pouring odd objects from his ears
and after a spasm and a near-fall
after being a bit squished against the borders of the schizoidian ocean's chasm
the phallic-headed submarine started straight up like an electric saw-fish
and cut through horizons and london fogs and the foam of baptism
like a funeral-dish fished out of a blessed corpse from whom the soul fled.

ah submarin scăpat din explicații
ce frumos ai șerpuit în afara interpreților
cât de tare ai rezistat traducerilor
ce bine că nu te-ai lăsat psihanalizat
cu ce dans împleticit de beție te-ai ascuns de felinare
ce rapid ți-ai schimbat culorile
cât de lucios te-ai făcut când ai fost prins
și cât de puternic ai țâșnit din mâinile care te-au înșfăcat
și ce fidel ești domniței făcătoarea ta
care te-a numit zână deși ești cilindric
o crezi fără rezerve că vei ajunge în cer
deși ești o lacrimă de fier acoperită de valuri de piele
te duci după ea ca un cățel deși ești imens
și numai scufundat poți să te miști
o veghezi când doarme și te încrunți ca o pleoapă peste ea
când vine vreun amerikan s-o trezească
ce frumos te aperi de proză
admirabil cum stai totdeauna gata să crezi
ea ți-a inculcat credința din prima zi când erai numai sunet
ce bine te simți fără povara unui creier sau a unei inimi
ea îți gândește gândurile și îți simte sentimentele

ah submarine evading all explanation
how beautiful you snaked away from interpreters
how well you resisted translation
how pleased we are that you allowed no psychoanalysis
with what sinuously drunk dance you eluded the flashlights
how quickly you changed your colors
how slick you became when you were caught
and how forcefully you shot out of the hands grabbing you
and how loyal you are to your mistress your maker
who named you muse even though you're cylindrical
you believe her unreservedly that you will arrive in the sky
even though you're an iron tear covered in waves of skin
you follow her like a puppy even though you're huge
and can move only when submerged
you watch over her sleep and drape yourself like an eyelid over her
when some amerikan tries to wake her up
how gorgeously you defend yourself from prose
how admirable your readiness to always believe
she imprinted you with belief from the first day when you were only sound
how well you feel without the weight of a brain or a heart
she thinks your thoughts and feels your feelings

tu te bucuri ca un miel deşi eşti un ou de oţel îmbrăcat în piele
tu ştii că eşti acoperit în scris de cuvinte şlefuite
pe care nici nu vrei să le citeşti că ţi le citeşte pianista
şi din când în când le transformă în note şi le joacă
adori muzica ei sublimă deşi-s cuvinte porcoase şi note stridente
ce bun eşti submarinule
şi cum te trage ea ca o rochie sclipitoare către suprafaţă
şi cât de puţin îţi pasă că amerikanul realist te vede în schelăria ta
eşti construit de-a valma din ţăndari şi vise şi un sex schiţat copilăreşte
dar mângâiat în stângăcia ta chemat de la început înger şi pântec
îngerul meu pântec ascunziş pentru înger ascuns înger în pântec
aşa ţi-a cântat pianista când îţi lipea zdrenţele şi te-ncercuia cu betelie de fier
eşti un butoi răsfăţat un capriciu mă încânţi fără să-ţi admir forma.

&

you're happy like a lamb even if you're a skin-covered steel egg
you know that you're covered with worn words
you don't even want to read because she reads them out loud to you
and now and then turns them into music and plays
you adore music even if it's made from strident notes and filthy words
what a champ you are sub
look how she drags you after her toward the shore like a sparkling dress
and how little you care that the amerikan sees right through your bones
you're built randomly from splinters and dreams and a childishly drawn sex
caressed in your awkwardness called from the start angel and womb
my angel my womb hideout for the hidden angel angel in the womb
thus you were enchanted by the pianist even as she mended your rags
and wrapped you in steel bands oh you're a spoiled barrel you enchant me
you're a whim and a caprice but I don't admire your shape.

a venit vremea ca și submarinul să vorbească puțin
întrucât deși nu avea limbă și gură
era telepat și schizofrenizat măcar pe sfert ori chiar ventriloc
era un retor ratat și un călugăr siderat de cei doi călători ai săi
care îl neliniștiseră și excitaseră
ca pe un pui de bărbat ca pe un adolescent intrigat
ca pe-un mucenic igienizat
așa că submarinul le-a spus lor așa
tu pianisto ești cam zăludă și crudă
iar tu amerikan miop ești cam într-o ureche bolnav întrucâtva de streche
împreună ați putea să vă înălțați cu mine cu tot la cer
preschimbându-mă într-un zepelin umplut cu eter
dar soarta mea este să fiu mereu pe ape și în ape
corăbier întors pe dos marinar alcoolic ori scafandru fără supape
așa că dragii mei iubiților preafericiților sau dimpotrivă preanefericiților
lăsați-mă singur în plata domnului scărpinându-mi barba licoroasă
tălpile mele de baobab au ruginit de atâtea năluci și angoasă
dați fuga singuri în lumea de afară sănătoasă și zemoasă
și bateți-o-n cuie ca să fiți siguri că viața nu este doar mieroasă
ci și-a rupt lințoliile și voalul de foarte ipocrită mireasă.

&

maybe it's time now for the submarine to say something

because even though it has no tongue or mouth

he's telepathic driven half-mad and is sometimes a ventriloquist

and also a failed speaker and a monk dazzled by his two passengers

who make him terribly anxious and excite him

like a man-boy a curious adolescent a deloused novice

so the submarine spoke to them thus

you pianist are quite silly and crude

and you near-sighted amerikan are cracked and possibly sick with impatience

you could both rise with me with all you possess into the sky

by transforming me into an ether-filled zeppelin

but my fate is to live forever in water in deep waters

an upside-down alcoholic sailor a diver without oxygen tubes

so my beloved happy ones or inversely very unhappy ones

leave me to my fate to scratch my shiny beard of algae

my baobab heels have rusted from so much fancy and angst

run away by yourselves to that juicy and healthy world above

and nail it so you can be sure that life isn't just peaches and cream

that she tore off her veils of hypocrite bride.

e mai ușor să iubești un șarpe decât un submarin
deși dacă i-ai dat viață n-ai încotro trebuie să descoperi
ce fel de submarin este că sunt cunoscute patru clase majore
cele care se strecoară sub ape cu soarta lumii încuiată în rachete apocaliptice
cu alfabetele chirilice și latine ale anihilării vieții de pe pământ
scrijelite pe piele
ele-s umplute cu tăcere ca un burduf cu cianură
oameni scunzi ruși beți și amerikani high pe marijuana
mângâie busole și ridică periscoape auzindu-și inimile bătând
rugându-se să nu fie ei aleșii
alte submarine se scufundă să observe pești și scoici și fire de lumină
și scafandrii din ele își fierb alcool și dansează în noaptea oceanului
și revin la suprafață îndrăgostiți cu capete turtite de gravitate
alte submarine sunt cele de genul nemo pline de cărturari sfioși
și de librării imense din care pulberea secolelor se ridică continuu
albind șoarecii cu ochelari care forfotesc prin bibliotecă
și în final e unul născut din dorința obscură a unei pianiste
să-i traverseze inconștientul cu ajutorul unui beatnik arțăgos
care făcuse autostopul în 1965 și nu se mai oprise urcând în tot
ce se oprea pentru el chiar și într-un submarin dar acest submarin
era mai frumos mai moale și mai inteligent decât 90%
din mijloacele de locomoție ale deceniilor trecute și în plus
era cârmit de o domniță pianistă cu păr viu și mare apetit de aventură
așa că s-a suit în submarin fără întrebări
deși n-ar fi fost rău să se intereseze de scopul obiectului

it's easier to love a snake than a submarine
but if you gave it birth you have no choice but to go on and find out
what kind of submarine it is since four major kinds are known
the ones who slide under deep seas with the world's fate locked in missiles
inscribed in the latin and cyrillic of life's extinction on earth
these are filled with silence like goatskins with cyanide
small drunken russians and petite americans high on pot
caress their compasses and raise their periscopes hearing their heartbeats
praying that they won't be the ones chosen
other submarines submerge to observe and study shells and strings of light
and the divers in them boil moonshine and dance in the oceanic night
and return to the surface in love with heads squashed by gravity
and immense libraries from which dust rises constantly
whitening the spectacled mice who have the run of the book stacks
and finally there is one born of the obscure desire of a pianist
to tramp through her unconscious aided by a cranky beatnik
who started hitchhiking in 1965 and hasn't stopped yet getting in
whatever stopped for him even a submarine and this submarine
was more comely softer and more intelligent than 90%
of the means of locomotion he rode in past decades and plus
it was being piloted by a missus with living hair and an appetite for adventure
so he got into the sub without asking questions
though he'd have been well advised to inquire as to the purpose of the object

şi de ce se numea iertat care-i fusese păcatul
foarte târziu după un voiaj de viaţă el a descoperit
de ce avea nevoie de absolvire fiindcă era un submarin nuclear reciclat
într-un phalus naufragiat pe care un golan a scrijelit
*pula tare nu cere iertare*
şi fiind găsit în acest hal de pianistă a fost restaurat cu tandreţe
şi relansat în mare să obţină iertare până la eventuala sa urcare în cer
beatnikul a lucrat cât a putut pentru submarin
deşi nu-l interesa decât proprietara obiectului
din păcate inima ei avea loc numai pentru vinovata odraslă imaginară
el nu avea nici un os religios în el ori poate doar unul
dar s-ar fi convertit la mucenicie şi cer pentru ea
dacă s-ar fi lepădat de submarin
la care avea numai o reacţie ca la o reptilă rece şi udă.

&

and why it was called "forgiven" and what its sin was
very late after a life's journey he discovered
why it needed forgiveness it was a recycled nuclear submarine
remade into a rudderless phallus on which a street punk sprayed:
*pula tare nu cere iertare*
*a hard dick doesn't say sorry*
and having been found in this state by the pianist was tenderly restored
and relaunched in the sea to obtain forgiveness and eventual ascension
the beatnik worked as much as he could in this submarine
when in truth only the sub's owner interested him
unfortunately she only had room in her heart for her imaginary offspring
and he didn't have a religious bone in his body well maybe one
but for her he'd have converted to monkhood
if only she would abandon the submarine
for which he was developing an allergy as for a cold and wet reptile.

oh nu iesus maria apage satanas doamne fereşte
submarinul nu era decât hazardat un phalus din fier forjat
era mai ales un binoclu de scotocit după lumile înzăpezite din creier
acolo pianista dormea fără barbiturice şi fără elice
acolo ea fâlfâia ca o femeie de arici cu ţepii licurici
acolo ea chema musafiri fantezişti şi fantasmişti
la un banchet scelerat la ospeţie cu năluci delir şi fachiri
ea adora să spună şi să asculte poveşti de îmblânzit zburleala
ea spumega destul de catifelat şi inelat dar şi înfuriat
capturând tot soiul de gângănii ale realităţii paralele
pe care le înghiţea ca pe nişte abisuri halucinogene şi fumigene
dinăuntrul acestora submarinul era fratele şi fiul ei
era un bărbat cuminte şi fidel ori poate un mefistofelic pudel
un cal troian din o mie şi una de nopţi pe care însă nu şeherezada îl inventase
submarinul era jurnalul ei de vise relativ scandaloase
dar şi o carte de frânt oase chiar dacă nu reale ci abismale
aşa că oricine vedea în submarin doar un phalus viril sau castrat
avea oarecari probleme psihanalitice ar fi spus herr freud
dar nu doar el ci şi bătrânii înţelepţi de la sat
în ce mă priveşte ca făptură pe sfert dementă eu am făcut din el
un inel de logodnă o cruciuliţă de mătase un trandafir al puştiului
ca să mă mântui puţin în viaţa de-aici
fără să fie nevoie să mor mai întâi şi să-i pot vedea cu mintea
pe noctambulii despre care se zvoneşte că sunt cu adevărat fericiţi.

&

christ no holy mary satan god forbid
the submarine was only possibly a phallus of cast iron
it was mainly a looking glass aimed at the snowy worlds in the brain
it was there the pianist slept without pills or propellers
it was there she flapped like a porcupine-woman with lit needles
it was there she received fantasizing and phantomatic guests
to a crazy feast of hospitality for delirious ghosts and fakirs
she loved to tell and to hear stories to pacify tumult and din
she put forth a velvet and beringed froth not without fury
capturing all sort of critters from parallel realities
she then swallowed like hallucinogenic and smoky voids
the submarine her brother and son lived within these
he was a well-behaved and loyal man or maybe a mephistophelian prude
a trojan horse scheherazade hadn't yet invented in those
    thousandandonenights
her submarine was the journal of her relatively scandalous dreams
and also a book for breaking bones real or abysmal
so anyone who'd see in the submarine only a virile or unmanned phallus
has some psychoanalytic problems as herr freud might say
and not just herr him but also the village elders
as far as I a half-demented creature is concerned I made out of him
a marriage ring a silk cross a rose of the desert
to redeem myself a little in this here life
without having to die first or see in my mind
those insomniacs of whom it is rumored that they know happiness.

&

*we all live in a yellow submarine*
cântat de zeci de mii de demonstranți în fața sediului ONU
în new yorkul înzăpezit și sclipitor al anului 1967
eram îmbrăcați în alb pentru că eram tineri și inocenți
s-au năpustit pe noi polițai cu bastoane și gaz lacrimogen
furii albastre și negre trimise să ucidă copiii răzvrătiți
și în momentul în care totul păruse pierdut cerul s-a luminat
și s-a profilat pe el un submarin galben imens
din care atârnau scări de funie peste capetele noastre
eu m-am urcat și când s-a umplut nava cu o mie de tineri
ne-am lansat în cer printre turnurile new yorkului
și am fost duși la o bază de submarine un șantier imens
unde submarine de toate culorile erau produse benefice
în orice caz era supă caldă și macaroane acolo bandaje și iod
că purtam rănile statului pe corpurile încă nebrăzdate de rău
cu altă ocazie au plutit zeci de mii de submarine peste protest
unul pentru fiecare din noi dichisit cu alimentele favorite
și cărți care se cereau citite ca cele dictate de platon și de socrate
al meu era plin de portocale și de operele complete ale lui balzac
deși eu râvneam la petrarca și la desene animate
la sfârșitul anilor '60 s-au dizolvat submarinele individuale
lăsând după ele o mocirlă multicoloră cu mult galben
dar din desenele animate au venit alte submarine mai dulci
mai inocente mai pestrițe mai vărgate
ele s-au născut în adolescenți s-au împerecheat și din unii din ei
a răsărit submarinul scufundat al unei cântărețe triste din cetate
dar de la geneză la scufundare a trecut o amnezie înfiorătoare
o mare adevărată s-a ridicat și s-a lăsat peste decenii.

&

*we all live in a yellow submarine*
chanted by tens of thousands protesting at the U.N. headquarters
in the sparkling snow of the year 1967
all dressed in white because we were young and innocent
the police attacked us with nightsticks and tear-gas
blue and black furies from hell sent to kill rebellious children
and when everything seemed lost the sky lit up
and a huge yellow submarine appeared above the crowd
lowering rope ladders down to us from above
I climbed up and when the vessel was as full of us as it could hold
we launched into the sky through the skyscrapers of new york
and we were taken to a vast submarine construction site
where every color of submarine was being produced for goodness
anyway there was warm soup and noodles and bandages and iodine
because we carried the wounds of the state on our yet-untested bodies
on another occasion thousands of submarines floated above demonstrations
one for each of us stuffed with our favorite foods
and books that called to us to be read as if dictated by plato and socrates
my own was stocked with oranges and the complete works of balzac
even though truly I craved petrarca and comix
at the end of the sixties the individual submarines dissolved
leaving behind a multicolored mostly yellow mud hole
but from comix came sweeter submarines
more innocent more mixed-up more creased
they were born from adolescents they coupled and from them
rose the submerged submarine of a sad singer from the city
but between its birth and its submergence there passed a grave forgetting
a veritable sea passed over and covered the decades.

de ce submarinul nostru se numește iertat
de ce este nevoie ca el să fie absolvit de păcat
doar ar putea fi și un submarin pieptănat
cozile i le-aș împleti dacă ar avea așa ceva
l-aș spăla pe cap cu șampon pentru regenerarea părului
i-aș pune cască de coafor ca să-l încălzesc la sân
i-aș susura cântece de adormit copiii răi
i-aș da lapte oceanic cu bucăți de gheață și cristal
ar fi un submarin-bebeluș așa încât nimeni să nu fie gelos pe el
fiindcă nu are dinți nici ochii foarte deschiși
și nici nu știe încă să vorbească ci doar să gângurească
doar amerikanul ursuz și slobod la gură îl bănuiește mereu de lezmajestate
față de neamul bărbătesc prealumesc ori față de cel ultrafemeiesc
dar submarinul meu era un aleph o lentilă supremă un talisman
în care zăboveam și mă ghemuiam previzibil ca în propriul meu uter
ca într-o colivie încăpătoare străluminată de fosforescențe vălurite
ca în odaia singură unde m-am născut și voi muri fără sclifoseală
ca în spitalul meu intim ospiciul meu loial și total
în care mă scufundam cu nedesăvârșire personală
având încolăceala și clopoțeii unui crotal
dar cine-ar putea pricepe lucrurile acestea
cine altcineva decât dumnezeu cu urechile lui blege și cu limba de animal.

&

why is our submarine called forgiven
why does it need to be redeemed from sin
couldn't it be also a submarine nicely combed
I would weave her tresses if it had them
I would shampoo it with healthy-hair shampoo
I would put its head in the drier to make her bosom warm
I would whisper the songs that make bad children sleep
I would give it ocean-milk to suckle with splinters of ice and crystal
he would be a baby-submarine nobody could be jealous of
because she has no teeth and his eyes aren't yet fully opened
and doesn't yet know how to talk it makes only goo-goo noises
but this cranky foul-mouthed amerikan constantly suspects aggression
against the worldly male tribe or against the ultrafeminine one
but my submarine is an aleph a supreme bean a talisman
the place where I rested and made myself predictably small
as if curling up within my own uterus
as if inside a roomy cage illuminated by veiled phosphorescence
like the lonely room where I was born and where I will die without fuss
my loyal intimate and total hospital
where I sank with my personal failings
curled within my rattles of self a rattlesnake
but who would understand such things
who but god with his floppy ears and his animal tongue.

înțeleg în fine și mor de rușine
era vorba de un urs de pluș o păpușă iubită cu ușă de catifea
un submarin cu puteri mari mânuit de o prințesă de cinci ani
jucăria ei favorită cu care nu-i lăsa pe alții să se joace
până nu treceau prin probe de foc de apă de întrebări și de prietenie
prin submarin știa copila precoce să ghicească gândurile oamenilor
și să dișpară din cameră și din conversație
să se scufunde în adâncuri unde avea prieteni un rechin o caracatiță
o broască țeșoasă și un pitic care cânta la acordeon
iartă-mă pianișă clujeancă și tu submarinule din copilăria ei
v-am confundat cu un adult și cu o navă de război
am foș prizonier literal capturat de o privire neînțeleasă pe litoral
tu ești mare dar submarinule un cadou îngeresc
eu sunt șrăin de un aștfel de dar fiindcă n-am avut nici un prieten
la vârșa de cinci ani și nici o jucărie cu excepția unui pișol de lemn
cioplit de gazda mea un foș jandarm un pișol cu care am împușcat
tot ce se mișca împotriva mea și toate lucrurile făceau așa
și l-aș fi împărțit cu fetița din casa vecină care avea o păpușă
dar n-o lăsau părinții să se joace cu mine când băteam la ușă
mi-am imaginat de multe ori cum ne-am fi jucat împreună
ea cu pișolul și eu cu păpușa în șpatele casei lângă puțul vechi
și dacă așa s-ar fi desfășurat lucrurile noi am fi crescut ca adulți
care mai țineau într-un loc ascuns și dulce jucăriile presexuale
ale unui timp edenic pentru că a foș împărtășit și bucuros
dar nu așa s-au desfășurat lucrurile și am pierdut o bucată de timp
unul prețios umplut de bine inocent nediferențiat și infinit
când mi-a adus pianișa submarinul n-am știut de unde vine
iartă-mă și lasă-mă că acum știu cum să mă joc cu tine submarinule
o să-ți repar motorul desfăcut de mine și o să ne suim în cer.

&

I do understand at last and I'm ashamed
it was about a plush bear a much-loved doll with a velvet door
a powerful submarine piloted by a five year-old princess
her favorite toy she never let anyone play with
until they passed tests of fire and water questions and friendship
the precocious child could read minds with the help of her submarine
and could disappear from the room and from the conversation
to submerge herself in the depths with her friends a shark and a squid
a sea-turtle and a midget who played the accordion
forgive me pianist from cluj[2] and you submarine of her childhood
I mistook you for an adult and a war ship
I was a literal prisoner ensnared by a stray gaze at the seashore
you're an amazing gift an angelic lagniappe you submarine
I know no such gift because at five years of age I had no friend
except a wooden pistol carved from wood by the policeman I lived with
that I used to shoot all that moved against me and all things did
and I would have shared it with the girl next door who had a doll
but her parents didn't let her play with me when I knocked on her door
I imagined often how we would play together
she with my pistol I with her doll behind the house by the old well
and if we had played we would have grown up like adults
who still hold hidden in a sweet and private place the presexual toys
of a time made heavenly by being shared and happy
but that is not how things unfolded and I lost a good deal of time
a precious goodness-filled time undifferentiated and infinite
when the pianist brought me a submarine I knew not whence it came
forgive me and believe me that I now know how to play with you submarine
I'll repair the motor I took apart and we'll ascend into the sky.

ala bala portocala între noi n-ajunge smoala
riți piți ieși la tablă nu știu lecția doamnă dragă
dar de ce n-ai învățat fiindc-am fost la bal mascat
regină regină câți pași îmi dai doar trei pași să te predai
țară țară vrem oștași fără trădători și lași
ursul koala uită boala și pantera joacă zaruri
hei zăluzi cu cruce-n palmă
rog lăsați la naiba-n praznic izmenitele amaruri
a fost odată un gândăcel care avea un suflețel de băiețel
păpușică păpușea tu vei fi pe veci a mea
să ne jucăm acum de-a mama și de-a tata
cu oalele din casă cu aragazul din bucătărie
cu periuțele de dinți din baie și patul mic din dormitor
eu sunt mama tu ești tata iar submarinul e odrasla răsfățată
eu fac de mâncare dis de dimineață

ooby dooby orange scooby[3]
blue bells cockle shells
easy ivy over
I went downtown to see Miss Brown
she gave me a nickel to buy a pickle
the pickle was sour so she gave me a flower
the flower was black so she gave me a smack
the smack was hard so she gave me a card
boys go to Mars
and eat chocolate bars
girls go to Jupiter
and get more stupider
no no no playmate I cannot play with you
my dollies have the flu
boo hoo hoo hoo hoo hoo,
ain't got no rain barrel
ain't got no cellar door
but we'll be jolly friends forever more
hold on to your gun
patriot on a bun
fight for your land
the panther plays in a band
hey you cracker boss
on your palm you have a cross
there was once a little she-bug toy
with the soul of a boy
let's play mommy let's play daddy
with the pots and pans
with the gas stove and the bedroom bed
I'm mommy and you're daddy
I make you breakfast in the morning

tu te duci la slujbă până seara şi aduci bani în casa creaţă
iar submarinul doarme toată ziulica fumând chiştoace-n ceaţă
ala bala portocala peşte mine cade smoala
riţi piţi sunt năucă insomnia mă usucă
la bal mascat am fost un arlechin rebel cu un cercel
regină n-am fost niciodată dar paşi mi-am dat destui
cât pentru o călătorie pe furiş şi amânată
pe care iat-o fac acum cu un amerikan nedesluşit
lângă care halucinez mânioasă ori dimpotrivă tihnit.

you go to work and bring me money
little doll with the flu
there will always be me and you
I'm mommy you're daddy the submarine is our baby
who sleeps all day long smoking cig butts
ooby dooby orange scooby I'm covered in tar
blue bells cockle shells I'm walking nightly like a ghost
I was a harlequin with one earring at the ball
I never was a queen but I gave myself a lot of airs
as many as a belated journey might require
the one I'm now undertaking with a mumbling amerikan
at whose side I rave angry or on the contrary content.

din fereastră când nu ploua
şi ploua tot timpul în copilăria mea
o zăream trăgând după ea o păpuşă
o păpuşă cam ciudată fără cap şi fără mâini
acu' mi dau seama că era un submarin
îl trăgea după ea pe podea şi-l punea
în faţa oglinzii să-l văd prin fereastră
i-am adăugat picioruşe şi o faţă cu ochi
de păpuşa-submarin nu mai auzisem
mânuitoarea lui ascunsă sub pervaz
avea un trup de lună şi unul de soare
peste care ploua neîncetat
era serioasă ca o zi ploioasă
nervoasă ca o căprioară
tihnită ca un motan răsfăţat
tăvălit pe submarinul răsturnat
mult timp s-a scurs pe gârlă
şi nu-mi mai amintesc
era păpuşa mănuşă sau magie curată
cine ştie cine-şi aminteşte
ce-au făcut ei când au stat singuri
mii de ani ploioşi
din care ieşit poezie
mirosind a fum şi bere
submarinul hamal

from the window when it wasn't raining
and in my childhood it always rained
I saw her dragging a doll behind her
a strange doll without a head or hands
I get it now it was a submarine
she dragged it across the floor and set it
in front of the mirror so that I'd see it from the window
I gave it little legs and a face with eyes
I'd never heard of a submarine-doll
its handler hidden under the window sill
had two bodies one lunar and one made of sun
and over them it rained and rained
she was serious like a rainy day
nervous like a doe
happy lazy like a spoiled kitty
lounging on her upside-down sub
so much water under that old bridge
and I can't remember
was it a hand-puppet doll or pure magic
who knows who remembers
what they did when they were alone
in thousands of rainy years
out of which came poetry
smelling of beer and smoke
the submarine a porter now

i-a cărat inocența prin cârciumi și porturi
prin școli și prin orașe străine
iertare nu-și cere
stăpâna lui e ciudată
cere să fie pedepsită jucăria sa fidelă
stăpâna care i-a ursit
o soartă de nemaipomenit
să ajungă într-o poezie
scrisă în chilia viitorului
de două stafii încleștate
una care vrea să-l grațieze
și una care-i cere să-și ceară iertare
trag amândoi de el ca de o pernă
el vrea-năuntru
ea vrea afară
marea se face spumă
ea-l înghite și-i devine mumă
el o caută-n ea ca un pirat
simte ceva submarinul
întins ca un cadavru sub pat
simte că e cam limitat
ca instrument de poezie.

&

carrying her book-sack through dives and ports
through foreign towns and schools
this odd mistress
will never ask forgiveness
but she'll ask that her toy be punished
this mistress who has woven him
for the unheard-of fate
of sailing into a poem
written in the monk-cell of the future
by two clenched phantoms locked in combat
one who wants to parole it
and one who needs it to beg forgiveness
they are pulling it to and fro like a pillow
he wants in
she wants out
the sea turns to froth
she swallows him and is his mother
he rummages inside her like a pirate
the submarine senses that something's up
as he lays like a corpse under the bed
he senses that he might be somewhat limited
as an instrument for poetry.

spuneai că istoria poeziei nu ne mai poate adăposti
și că e prea târziu pentru niște scafandri ca noi
dar submarinul tocmai pentru asemenea lucru de harțag e potrivit
să se scoboare leneș ori să urce vertiginos la suprafață
cât să dea de un teritoriu prea puțin scobit
de o ploaie cu broaște în scrâșnet năpădit
de un smochin sălbatic ars din temelie și răsădit
de o dimineață botezată de melci veseli ori blazați
de pieile și buzunarele tuturor continentelor cu regi scelerați
de o spânzurătoare caligrafiată cu cerneală invizibilă
de iubirea sumbră și întortocheată într-un vagon de marfă
care mai are doar câteva zile de bolit dar pentru care se cuvine să faci zarvă
merită să scrii pentru îngenuncheri și ispite și scintilații
merită din plin halucinațiile țopăitoare cărora le aducem iată destule libații
merită clopotele și corbii și strugurii toamna și focul din frunze ucigașe
zăpada incorigibilă iarna cingătorile fetelor și oscioarele înțărcate
acalmia unei revelații plutind peste lume și coapsele țuguiate
menghine rugăciuni biblioteci lipite-ntre ele de un arheoinconștient
al cărui tată nu are picioare ci doar un creier de cuarț scrijelit pe un pergament
merită să scrii despre rujul consistent cu care iată mă mânjesc pe întregul corp
ca să nu uit că sunt vie și că mai am destul până să primesc însemne de mort.

&

you were saying that the history of poetry can no longer shelter us
and that it's too late for divers like us
but this is precisely the kind of harrowing work the submarine is for
to lazily submerge or ascend vertiginously
to happen upon a territory less mined
by the frog rain or overtaken by relentless grinding
to find the fig-tree burnt to the root sprouting anew
to find a morning blessed by happy snails emblazoned
with the skins and pockets of all the continents with their mad kings
to find a gallows overwritten in invisible ink
by somber love twisting itself within the wagon of a cargo-train
that has only a few days left until it's grounded but worth the hoopla
it's worth writing for those kneeling and for temptations and for sparkings
the leaping visions deserve our libations
and so do the bells and crows and grapes autumn fire in the deadly leaves
the unforgiving snow winter the girls' wide belts and tiny bones held tight
the primal peace of a revelation floats above the world and our tense thighs
vices prayers libraries glued together by an ancient subconscious
whose father has no legs only a crystal brain carved into a parchment
look it's worth writing about the lipstick I'm pulling over my whole body
so I'll not forget that I'm alive still and without the insignia of death.

&

în viaţa mea în poezie s-au întâmplat două mutaţii vizibile
ziua când am crezut că-s pasăre şi ziua când am devenit delfin
cu păsările nu m-am înţeles bine fiindcă zburam în sensul opus
îmi plăceau penele şi libertatea dar altfel aveam alte interese
în perioada păsărească m-a interesat enorm fericirea
pentru că normal ca tot omul fusesem om înainte de a fi pasăre
copil mai precis foarte nefericit născut într-un oraş prăpădit
cu o iſtorie înfricoşătoare în care s-au ars vrăjitoare
un oraş cu ochi care ne vegheau pe fiecare cu atenţie posomorâtă
siguri de răutatea ontologică ce se zvârcolea în noi ca un ceasornic medieval
am auzit turnul ceasului într-o zi când mă pieptănam
şi am descoperit că părul mi se făcea pene
eram îndrăgoſtit în ziua aceea şi turnul bătea foarte tare
şi foarte tare bătea inima mea şi penele mele erau negre şi lucioase
şi ce puţin învăţasem eu din iſtoria locală şi universală a poeziei
se închega în mine ca o minge de gheaţă şi argint
şi-mi zbura din gură croindu-şi o potecă luminoasă peſte turn
m-am acoperit brusc de pene şi cu degetele devenite gheare
am început să bat la maşină o maşină făcută din dalele catedralei
şi din oasele vrăjitoarelor şi din minciunile părinţilor
în pieptul meu prelungit de porumbel s-a produs zahărul iubirii
mă credeam şoim însă mde nu eram decât paloma de picasso
singura pasăre aprobată de partidul comuniſt
o pasăre cu robinet din care curgea poezia ca ninsoarea pe burg
numai triſteţea mea de neşters mi-era mai mare decât producſtivitatea
în mine optimismul ſtării de pasăre se ameſteca cu frica de miliţie
dar poezia care m-a făcut pasăre avea şi alte posibilităţi de transformare

in a lifetime of poetry I have experienced two visible mutations
one on the day I thought I was a bird the other on the day I became dolphin
I didn't get along with the birds because I was flying in the opposite direction
I liked the feathers and the freedom but I had other interests
I was hugely interested in happiness during my bird-period
because naturally like every man I'd been a man before becoming bird
a boy to be exact an unhappy child born in a sorry city
with a frightening history during which witches were burned at stake
a town with eyes that watched everyone with morose attention
certain that primary evil squirmed within us like the innards of a medieval
    clock
one day while combing my hair I heard the clock in the tower
and my hair changed into feathers
I was in love that day and the clock tower tolled loudly
and loudly beat my heart and my feathers were shiny and black
and what little I had learned from the local and universal history of poetry
coagulated inside me like a ball of ice and silver
and flew out of my mouth carving a luminous path above the tower
I was covered suddenly in feathers and using fingers that had become claws
I started typing on a typewriter made from the cathedral stones
and from the bones of witches and from my parents' lies
in my tightened pigeon chest the sugar of love fermented
I thought of myself as a hawk but well I was only picasso's paloma
the only bird approved by the communist party
a bird with a faucet from which gushed poetry like snow over the city
only my ineradicable sadness was greater than my productivity
the optimism of the state of being a bird mixed in me with the fear of police
but the poetry that made me bird was capable of other changes too

metafore lecuitoare compuse din cuvinte culese local

nu aveam nici o îndoială că pe aripile poeziei se putea ajunge departe

pe tărâmul magic dintre sânii aureliei sau pe peticul negru de sălbăticie

dintre coapsele marinelei sau ale profesoarei mele de rusă

erau singurele mele destinații și adresele adevăratei utopii

ani de zile am împreunat semnele cu semințele

scrisul cu bucuria de a fi făptură înaripată cu permis de visare

nu aveam nevoie de dovezi când moartea se practicase peste tot

en masse înainte de nașterea mea toți ai mei fuseseră uciși

acuzați de vrăjitorie și arși pe rug de bunii cetățeni ai europei

dar pe vremea mea ucigașii obosiți de ucidere și sătui de sânge

omorau numai în bucățele și pătrățele

pe oamenii pe care-i iubeam și care pierduți în ei înșiși

se împrăștiau în pulberea de ciment a lumii noi

de păsări nu se atingea nimeni decât puștii cu praștia

gârlele de cuvinte pe care le scrijeleam pe dealuri și în cer

cu mașina de piatră a orașului mă protejau

fără să le cunosc conținutul

curgeau din mine ca zahărul cascade peste scările blocului

o spumă de săpun scursă peste picioarele cu rădăcini ale gospodinelor

apa grea stoarsă din rufele agățate pe balcoane steaguri

și fiindcă această lume era săracă și ținea mult la obiectele ei prăfuite

noi poeții umpleam golurile cu oi mitice îngeri și sfinți înfometați

așezând aceste produse imaginare pe socluri împodobite cu speranțe moarte

până când m-am lăsat moale să plutesc pe un vânt care ducea afară din somn

o lume întreagă s-a retras în fotografii și de acolo a roit în pulbere cosmică

oameni cu pălării trase jos să le acopere ochii femei cu năframe și voaluri

morți de piatră cu săbii și călugări prelungind sunetul facerii lumii

zgomotul lor mi se retrăgea din auz

se ducea pe undele sonore pe direcția constelației săgetătoare

auzeam numai vântul trecerii

healing metaphors composed of locally gathered idioms
I had no doubt that one could go far on the wings of poesy
to the magical land between aurelia's breasts or to the wild dark patch
between marinela's thighs or those of my russian professor
those being my chief destinations and the addresses of the true utopia
for years I matched signs and seeds
writing with the joy of being a winged critter with license to dream
I didn't need proof when death had been practiced everywhere hereabouts
en masse before I was born my people murdered
accused of witchcraft and burned at the stake by the good citizens of europe
but in my day the fatigued murderers sated by blood
killed only parts square bits
of the people I loved who were lost within themselves
scattered in the cement dust of the new world
nobody touched the birds except kids with slingshots
the flows of words I scribbled on the hills and in the sky
with the stone typewriter of my city protected me
even though I knew not what they contained
they poured over me like sugar cascading over the workers' housing blocs
a froth of soap running over the rooted feet of housewives
heavy water wrenched from what hung on balcony clotheslines flags
and because this world was poor it cared a great deal about its worn things
we poets filled the empty spaces with mythical sheep angels hungry saints
posing these imaginary products on pedestals decorated with dead hopes
until I let myself go limp to float on the wind that took me out of sleep
an entire world drew back into photographs then swarmed a cosmic powder
men pulling hats down to cover their eyes women hiding in scarves and veils
knights carved with swords over stone tombs monks adding sound to genesis
their din was growing dim and drew away from my hearing
leaving on waves of sound in the direction of the constellation sagittarius
I heard only the wind of my passage

nimic nu-i pierdut totul se transformă mănușa în broască oul în tun
metamorfozele-s nesfârșite și-n zbor mă lepădam de pene
când mi-am revenit eram din nou om
pe un câmp de bătaie unde poezia era arta observației și rostirea
răspicată a cererilor pentru demnitatea existenței și dispariția statului
și cuvintele foloseau să încingă oameni în carne și oase să danseze
cuvintele ațâțau focul sacru și dădeau libertate
dar nu toți au fost croiți pentru poezie au murit mulți de neputință
libertatea e drog tare și se-ntărește în combinație cu pasivitatea
mulți și-au pierdut sensul unicității și independența
sugrumați de mâinile puternice ale poeziei
supraviețuitorii schilodiți se mai târăsc prin păduri și peșteri
alții s-au transformat în computere și leagă noduri pe internet
și cum o generație nouă cam ostilă intenției eliberatoare
s-a luat după mine cu niște coase făurite din teorii franțuzești
m-am lepădat de podoabe lăsându-mi bijuteriile pe drum
am reținut numai diamantele aforismelor dure și adevărul tăios
și limba cea mai comună și mai eficientă care să concureze
cu limbile ucigătoare din marketing și abrevieriile cyberului
viața mi-a devenit o luptă darwinistă împotriva mașinilor de cuvinte
dar într-o seară beat pe un covor persan cu un blid plin de struguri
m-am uitat la tine și m-am umplut de focurile jucăușe ale unui sat de corturi
am devenit plutitor pe ape în căutarea unui submarin scufundat
și atunci pentru tine și numai pentru tine m-am făcut delfin.

&

nothing is lost all changed the glove into frog the egg into a gun
changes are endless and as I flew I abandoned my feathers
and when I came to I was a man again
on a battlefield where poetry is the art of observing and clearly
asking for recognition of the dignity of existence and an end to the state
and words are for the use of making flesh and blood people hot to dance
words stirred the sacred fire and dispensed freedom
but not everyone was made for poetry many died from impotence
freedom is a tough drug made more potent by passivity
many lost their sense of self and independence
and met death at poetry's rough hands around their necks
some maimed survivors still drag their sorry asses through woods and caves
others became computers and are knitting the world wide web
and then seeing how a newish generation a bit hostile to liberation intentions
was hot on my heels with some scythes forged from french theories
I abandoned all ornaments chucking my jewels along the side of the road
and I kept only diamond-edged aphorisms and the sharpest truth
and the most common and efficient language meant to compete
with the murderous tongues of marketing and coded cyber-speak
my life became a darwinist fight against the word-machines
but one evening drunk on a persian carpet with a bowl of grapes
I saw you and I was filled with the playful fires of a tent village
I became a floating raft looking for a submerged submarine
and then because of you and only for you I became a dolphin.

în submarinul meu de când m-am născut și până acum
am avut destui maeștri holbați cu insomnii speciale
pe câțiva i-am gustat pe limbă pe alții olfactiv
iar pe alții i-am pipăit la încheietura mâinii sau la osul șamanic
mai întâi a fost un soldat german și sora lui de culoarea unui stânjenel
am dormit lângă ei vreun an de zile și am visat rău
apoi a fost un francez cu iz de pângăritor pângărit
cu care am hălăduit în anotimpurile unor infernuri ciobite la gură
apoi a fost un adult lenevos și liturghia unor zile cu pielea întinsă la soare
apoi au venit din nou niște exaltați germani
dar nu am locuit mult cu ei întrucât erau ibovnici imberbi
apoi m-am nuntit c-un spaniol
lăsându-l ca felcer să-mi ia puțin sânge din vene
apoi a venit t. s. eliot care mi-a făcut viața zob
împroșcându-mă și hașurându-mă cu tarot și liliac
doar cu el am învățat ce înseamnă să ai degetele înfipte într-o catedrală
apoi am băut cu un portughez o ploaie oblică și un rom marinăresc
apoi m-am sinucis laolaltă cu o americancă strecurându-mi capul în cuptor
apoi am dat cu țeasta de zid ciocnindu-l în urlet pe prințul beatnicilor
oho câte simfonii stridente am solfegiat în barba lui newyorkezo-evreiască
apoi cu întârziere am șezut pe nimicnicia unui poet cu mințile rătăcite
închis într-o cușcă după al doilea război mondial
bucurându-mă de sminteala cu înțeles de verset
și uite-așa acum submarinul a rămas doar cu mine și cu musafirul amerikan
cu care păream spânzurată de un același frâu ombilical
deși poate era părul fridei kahlo sau erau ațele de la corsetul ei de paralitică
cu atâția strămoși faimoși și inventați nu ai ce să faci
decât să călătorești într-un submarin de care să te lași amețit

since I was born until now there were a number of wide-eyed masters
with choice insomnias aboard my sub
I tasted some of them with my tongue I sniffed others
and some I just squeezed on the wrist or on the shamanic bone
the first was a german soldier and his iris-toned sister
I slept next to them almost a whole year and I had bad dreams
then came a frenchman who smelled like a defiled robber
we were vagrants together through hells he invented
then there was a lazy-cat grownup and the ceremony of days lying in the sun
then came again some delirious germans
I didn't stay long with them they were some prideful cocksmen
then I married a spaniard
I let him take some blood from my veins he was a nurse
then came t.s. eliot who shattered me
spritzing and spotting me with the tarot and with lilac
I learned from him what it means to stick your fingers into a cathedral
then I drank sailor's rum in a sideswiping rain with a portuguese man
then I killed myself alongside an amerikan by sticking my head in the oven
then I hit the wall with my head and howled with the beatnik prince
wow what strident symphonies I banged on his new york piano jewish beard
and then much later I sat on the utter void of a mentally ill poet
locked up in a cage after the second world war
pleasured by the meaning-heavy madness of his verse
and that's how it came about that I found myself with a sub and an amerikan
with whom I seem to be hanging from the same umbilical cord
or maybe it's frida kahlo's hair or strings from her invalid corset
what can you do with so many illustrious and invented ancestors
but travel within a submarine that makes you dizzy

binecuvântat uns al lui dumnezeu momit cu zahăr candel
ca un cal arab cu dinții curați și lați
dar povestea mea a început altfel decât a ta
eram o fetiță cuminte și frumușică însă cu pavor nocturn în timpul somnului
așa că într-o zi am plecat de acasă aveam vreo cinci ani
pur și simplu m-am dus pe la nunțile unde eram primită
și unde mi se dădeau să mănânc felii uriașe de tort
îmi plăcea să stau doar sub masa nuntașilor
de acolo vedeam lumea cu binoclul pe sub rochii de sub pământ
aveam niște ochelari din tinichea găuriți ca ai sperietorilor de ciori
apoi mergeam pe râul someș să frig cartofi laolaltă cu vagabonzii orașului
până la urmă m-au găsit cu miliția și m-au adus acasă
dar din acea călătorie am știut că voi fi altceva și altcineva
apoi am ajuns o adolescentă căreia îi plăceau fluturii cap de mort
și licuricii pe care mi-i puneam în păr cu zecile
și-atunci am început să scriu un fel de cuvinte mov închis
deși eram somnambulă și riscam să mă arunc fără să vreau de pe balcon
pe vremea aceea părinții mă dăduseră la școala de balet
așa că toată ziua îmi ascuțeam picioarele și mâinile
până m-am făcut sulițașă de-a binelea
atunci i-am citit tatălui meu niște cuvinte însăilate cu sclipici
iar el mi-a spus că încă nu m-am limpezit
mai am de străbătut pustia stepa tundra și oceanul arctic
vreo câțiva ani am străbătut oceanul cu pricina
apoi am scris iar niște cuvinte inventate niște căi lactee idioate
și tatăl mi-a spus de data aceasta că sunt întreagă să merg până la capăt
să nu renunț chiar dacă unii mă vor spurca în zadar
am tărie în mine și viață puhoi
dar îmi va fi al naibii de greu ca femeie
eram încă tot frumușică și cuminte dar dinții mi se făcuseră de leoaică
deja știam să zgâriu și să vânez și-mi înfigeam colții bine de tot în carne

a favorite of god drawn onward slathered with sweet bait
like an arabian mare with wide clean teeth
but my story began differently from yours
I was a good and pretty girl but with nocturnal wanderlust when I slept
so one day when I was only five years old I left home
I went to weddings where I was welcomed
and given gigantic slices of cake
I liked best sitting under the wedding table
from where I saw the world from down below dresses with my scope
I had some eyeglasses with eyes cut out of tin like scarecrows'
after that I went to the somesh river[4] to fry potatoes with other city bums
until the police found me and took me home
that journey taught me that I could be something and someone else
and so I became a teenager who adored death-head butterflies
and fireflies I put in my hair by the dozens
and I started to write words colored dark rust
even though I was a somnambulist and risked falling off the balcony
at that time my parents enrolled me in ballet school
so that all day I sharpened my feet and my hands
until I became a true lance
and I read to my father then some words encrusted with glitter
and he said that I was not yet clear
that I had to cross the desert the steppe the tundra and the arctic ocean
I crossed that ocean for a few years
and then I wrote again some invented words some dumb milky ways
and my father said this time that I was whole and I should go on to the end
to never give up even when some will try to curse and hex me
I have strength in me and life galore
but it will be hard because I am a woman
I was still pretty and well-behaved but my teeth had become leonine
I knew how to tear flesh and to hunt and I set my fangs deeply into flesh

apoi mi-am dat drumul de una singură pe tobogan de foarte sus
fără să mai am în vizor vreo făptură umană
şi-n lunecarea mea am fost zărită de un tânăr bărbat
care m-a iubit vreo douăzeci de ani de atunci încoace
el mi-a spus să nu-mi pese de ceilalţi vizionari peticiţi
de strangulatorii cu vorba contrafăcută ori de acrelile cârtitorilor
puţină lume înţelege ce scriu dar eu sunt fericită că lucrurile stau aşa
fiindcă mereu sunt doar cu mine însămi la taclale
o leproasă de sine în crusta şi cochilia de alint
ghicitoarea în cărţi ori în palmă şi ghicita tot eu sunt una şi aceeaşi
chiar şi atunci când curioşii mi-au spus să mă duc la ospiciu
să devin curtezană gheişă să mă fac mata hari
apoi o vreme am stat ghemuită cu genunchii la gură într-un ocean schizoidian
fiindcă fără să ştiu înnebunisem puţin şi nu mai găseam ieşirea de urgenţă
apoi am aflat pe fundul acelui ocean acest obiect scufundat
şi dintr-o dată am ştiu că e submarinul meu personal
un orient express cu odăi sigilate în apă
un montagne russe de unde-mi dau drumul cu vrednicie pentru veşnicie
totuşi am mai râvnit să iau un călător cu mine
drept care l-am cules de pe o plajă golaşă papuaşă
pe amerikanul cu mustaţă din transylvania
tocmai fiindcă era singur cuc la răspântie şi cam năuc
ieşit din găoacea unor amintiri care îi încrucişaseră sângele cu var.

and I then rolled on my own from high up atop a taut drum
without a thought about any other human
and while sliding thus I was glimpsed by a young man
who loved me for twenty years since then
he told me not to care about other ragged visionaries
fear not the stranglers of phony words or sour scholars
not many understand my writing but this makes me happy
because I'm alone with my stories around the fire
a self-absorbed leper in a well-caressed shell
I am both the card-reader and the one whose cards are being read
even when meddlers tell me to scram quick to the loony bin
to become a courtesan a geisha or mata hari
for a time I curled with my mouth on my knees in a schizoidian ocean
because I had unknowingly lost some of my mind and couldn't find an exit
then I found at the bottom of that ocean this submerged object
and I knew without doubt that it was my personal submarine
an orient express with rooms sealed by water
a montagne russe from atop which I roll assiduously forever
still I yearned to bring another traveler along
and so on an empty papuan beach I found
an amerikan with a transylvanian moustache
looking lost at a crossroads and maybe a little dizzy
having exited a womb of memories sedimented with plaster and blood.

&

*cui îi face rău şi cui îi face bine poezia şi care poezie face rău sau bine*
scria pe afiş la opt seara în teatrul municipal al judeţului de sub ape
la opt şi cinci minute fix sala fără scaune
era plină de trupul lucios al submarinului singurul spectator
cu botul pe labe foarte cuminte cu carneţel şi pix din os de balenă
poezia face rău majorităţii oamenilor care se feresc de realitate şi de visuri
oameni care doresc o viaţă mai simplă decât cea a părinţilor
sau dimpotrivă un pic mai colorată dar nu chiar dramatică
lipsită de durere ca moartea la televizor ceva cu ore fixe şi muzică uşoară
poezia face rău şi tinerilor care sug din laptele negru al romanticilor
decadenţilor simboliştilor şi suprarealiştilor
spiritele lor înnebunite de sex de alcool şi ocazional de misticism
se identifică rapid cu nenorociţii soartei din trei secole şi comit
acte grave împotriva societăţii cel mai grav fiind cel al versificării
de exemplu un caz real o tânără amerikancă strălucitor de sănătoasă
cu un corp frumos gata să refacă universul şi să dea ţâţa viitorului
îndrăgostită de profesorul ei de poezie un sperie-cioară scheletic
care ţăcănea osos poeziile lui plath ca o maşină de scris stricată
căzută pe zăpadă din o trăsură fantomatică purtată de un balaur negru
şi-a tăiat venele nu o dată ci de trei ori şi-a scris cu sânge pe uşa
biroului scheletului *mor pentru tine şi poezie semnează sylvia plath*
după atentatul nr. 3 şi o lună la spitalul de boli mintale poetice
unde i s-au dat doze mari de frank o'hara şi ted berrigan şi david bowie

who benefits and who is damaged by poetry
the poster announced this evening at eight in the underwater theater
at precisely five minutes past eight the room without chairs
was filled by the shiny body of the submarine the only spectator
with his nose quietly resting on his knees and a notebook and whalebone pen
poetry is damaging to the majority of people who avoid reality and dreams
people who want a life simpler than that of their parents
or maybe the other way a bit more lively more colorful more full
without pain like death on television something with regular hours
    and muzak
poetry also damages youth who suck from the black milk of the romantics
the decadents the symbolists and the surrealists
their spirits maddened by alcohol and occasionally by mysticism
they identify quickly with the victims of fate over three centuries and so
    they commit
grave acts against society the hardest blow being that of verse itself
for example in this real case a young american girl in perfect health
with a luscious body ready to remake the universe and breast-feed the future
was in love with her poetry professor a skeletal scarecrow
who tapped bonily essays on plath's poetry like a wrecked typewriter
fallen in the snow from a phantom carriage pulled by a black dragon
she cut her veins with a razor not once but thrice and wrote on his door
    with blood
*I'm dying for you signed sylvia plath*
after her third attempt and a month at the hospital for lunatics of poetry
where she was given large doses of frank o'hara ted berrigan and david bowie

a renunțat la poezie și mai ales la sonet o formă în care atinsese perfecțiunea
s-a căsătorit cu un filozof numit max care nu mai vorbea de ani de zile
s-a convertit la o religie oarecare cu patrimoniu muzical și vocea ei
cu adevărat frumoasă s-a bifurcat în două limbi și s-a suit pe catedrală
a născut imediat doi bebeluși cu păr cârlionțat și a renunțat public la plath
în spatele ei o coadă mare de victime ale poeziei lui eliot așteptau
și ele un fulger de noroc să le lase afară din biserica sufocantă capcana
pe care o făcuse eliot din cuvinte aparent aurite dar în realitate de sârmă
eliot ăsta e singurul poet cu lagăr particular unde oamenii mor de fudulie
dacă ar fi mai puțin inocenți ar muri de plictiseală
de exemplu un poet premiat editor la revistă profesor de poezie
traducător din catalană soț cu trei neveste și cincisprezece gagici
s-a înscris în lagărul lui eliot ca strajă plătită lunar în adaptări pentru scenă
a operelor lui eliot în limbi străine ceea ce i se părea lui plată bună
și într-o bună zi s-a îmbolnăvit la ficat și la creier din ceva venit de la
adaptarea finlandeză a lui waste land și a murit fără să-l citească pe pound
exemplele se pot înmulți ad nauseam dar e foarte clar că poezia unora
face rău multora și că trebuie eliberată numai cu rețeta de la farmacie
acum orientați pixul spre hârtie ceea ce submarinul imediat a făcut
de ce-s poeții periculoși e tema voastră cinci sute de cuvinte
periculoși vreau să spun pentru dezvoltarea eului adolescentin
voi cei peste treizeci de ani formați aici o linie
(submarinul se despărți în două submarine)
subiectul vostru e de ce poeții nu-s periculoși pentru adulți
decât în sensul că-s foarte periculoși copiilor adulților deci lor
cinci sute de cuvinte în vers liber vă rog în paisprezece minute
bună îi scrise submarinul unui adolescent
poeții stau încolăciți în șarpele kundalini adormiți până se trezește
când șarpele se trezește răsar și poeții își scot capetele din cort
și spun bună dimineața soarelui și ies gol-goluți din adolescenți
să facă yoga pe nisip ca și cum ar fi prima zi a lumii

she gave up poetry especially the sonnet a form she'd achieved perfection in
and married a philosopher named max who had not spoken a word in years
she converted to a religion with a rich musical heritage and her singing
voice truly extraordinary and she rose to the top of the church
gave birth to two curly-haired babes and publicly renounced sylvia plath
waiting behind her was a long line of eliot's poetry victims
hoping for a lightning bolt of luck that would let them out of the church-trap
eliot made from words of fools' gold and truly just barbed wire
eliot is the only poet with a private concentration camp that kills with pride
if the inmates were less innocent they'd die of boredom
for example a prize-winning poet an editor a poetry professor
translator from the catalan with three wives and fifteen concubines
enrolled in eliot's camp as a guard paid monthly in stage adaptations
of eliot's work in foreign languages a salary that seemed quite good
but one day his liver and his brain sickened because of something
in the finnish translation of the wasteland and he died without reading pound
the examples multiply ad nauseam but it is clear that poetry
makes some people ill and should only be given to them with a doctor's writ
now put pen to paper and dutifully the submarine did just that
and in five hundred words explain why poets are dangerous
dangerous that is to the adolescent psyche
those of you over fifty start a line here
(the submarine divided itself into two submarines)
your subject is why poets are no great danger to adults
except to the extent that they are dangerous to these adults' children
five hundred words in free verse please in fourteen minutes
well the submarine wrote to an adolescent
poets sit curled inside the kundalini snake asleep until awakened
when the snake awakens the poets do too and stick their heads out of the tent
and say g'morning sun and exit naked as the dew from of their teen bodies
to practice yoga in the sand as if it was the first day on earth

ei încep să scrie sonete pe nisip cu degetele picioarelor și uită
complet de adolescenții din care au ieșit ca fum din cărbuni aprinși
dar când adolescenții disþerați cad în abisuri profunde de depresie
poeții le aud plângerea cu urechile lor de lilieci și mărșăluiesc repede
să-i salveze cu povești gotice deșþre libertinaj și masacre nocturne
deșþre păduri întunecate și mascarade oculte religii obscure culte febrile
scrisori călătoare din piele-n piele tatuaje molipsitoare bestialitate crimă
catedrale furturi ouă de aur canibalism răscruci leonine șerpi vorbitori
folosesc un amestec de folclor și propagandă ca să-i transforme pe tineri
din inocenți destinați societății de consum în adicți la țuică și tutun
așa i s-a întâmplat unei fetițe bune din new york cu talent literar încurajat
de o măsuță de noptieră cu un turn de poezii periculos clădit pe ea
pe care stătea o lampă în formă de delfin cu o lumină albăstruie și roz
și o sticlă de jack daniels și un pachet de țigări rusești cu filtru auriu
împrejurul ei toată noaptea stăteau stafiile simboliștilor mai ales baudelaire
foarte curioși să vadă ce fel de animal o să iasă din țeasta ei aprinsă
din dieta de poezie nocturnă scăpată din plasa neuronilor un praf sideral
ani de zile au vegheat-o așa până când au auzit știrea extraordinară
că în cealaltă parte a lumii în cluj o poetă asemănător hipnotizată
a dat viață unui submarin care i-a țâșnit din corp prin exact același loc
din care îi ieșiseră chimicalele potente ale șarpelui kundalini
la vârsta de cincișþrezece ani și sunt eu însumi acel submarin
am deja cinci sute de cuvinte sau mă forțați să renunț la programul
meu mai târziu astă seară o orgie în satul pinguinilor
și altceva deșþre oul de foc adolescentin care crește într-un pepene de jar
eu nu prea știu ce-s cinci sute de cuvinte eu numai un cuvânt știu poezie
un cuvânt lung ca o asfixiere prin tămâie care-mi trece
din sex în inimă și creier organe pe care nu le posed în măsură suficientă
m-am născut prematur într-o oglindă afumată de poezie romantică
acum după această lectură nu mă simt prea bine mă deranjează

and then write sonnets in the sand with their toes and forget
completely the youth from which they issued like smoke from burning coals
and when despairing teens fall into profound chasms of depression
poets hear them crying and march quickly to the rescue
to save them with gothic tales of sylvan orgies and nocturnal massacres
about dark woods and occult masked balls and feverish cults
letters tattooed on contagious messengers who deliver bestiality and crime
cathedrals thefts gold egg cannibalism at crossroads leonine snakes chanters
they use a mix of propaganda and folklore to transform the young
from innocents dedicated to society into alcoholics and junkies
this happened to a nice girl in new york with a good deal of literary talent
encouraged by the tottering tower of poetry books on her nightside table
on which stood also a dolphin-shaped lamp beaming blue and rose light
a bottle of jack daniels and a pack of russian cigarettes with gold filters
all night around her the ghosts of symbolists but mainly baudelaire stood
curious to see what sort of beast would exist her skull enflamed
by her nocturnal diet of poetry expunged from the neuron net sidereal dust
they watched her thus for years until the news reached them
that on the other side of the world a similarly hypnotized young poet
had given birth to a submarine which jetted out of her body
     from the exact same place
the potent chemicals of the kundalini snake had sprung
when she was fifteen and I myself am that submarine
that's already five hundred words or I must renounce the later program
I've scheduled this evening an orgy in the penguins' village
and something about an egg on fire an adolescent raised in a fire melon
I'm not sure what five hundred words mean I only know one word poetry
a long word like being strangled by incense a word that passes
from my sex and the brain organs I do not possess in sufficient measure
I was born prematurely in a mirror smoked by romantic poetry
now after this lecture I don't feel so well I am bothered

un cuvânt-țeapă ascuțit de ceva crud și cosmic scrijelit amatoricește pe mine
când o să număr eu cinci sute de cuvinte separate o să fie foarte târziu
pentru orgie și-n orice caz poeților totali care s-au scufundat în poezie
nici nu le pasă cui îi fac rău eu submarinul poetizat numărul unu
submarinul doi maturul căzu într-o tăcere de cimitir marin
câteva chestii tehnice de la un ceasornicar inginer nuclear
submarinul nostru nu are mecanism hidraulic mașinărie de scufundare
se scufundă din greutatea cărților din care este de altfel și croit
pielea acestui obiect de papier-mache e hârtie fiartă de capodopere
raftul de cărți dărâmat care l-a năucit temporar pe beatnik
a dus la poziția stranie a submarinului cu botul către cer
beatnikul consumase o cantitate enormă de cărți un prânz
pe măsura lui gargantua și după ce înfulecase dăruise cojile
unor biblioteci importante unde sute de școlari
îmbrăcați în redingote negre se hrăneau spornici din ele
deci cărțile nu erau prezente decât înlăuntrul piloților
ceea ce nu le făcea mai puțin grele decât rafturile dărâmate
de unde fuseseră smulse și înghițite fără piper sau sare
o dietă care se certa cu creierii doritori de nuanțe
de exemplu ce-i o poezie în traducere chiar dacă tălmăcită de poet
*să-ți mai spun că o grămadă de lucruri despre poezie*
înafară de lecturi pe temă și întrebări tehnice valurile se jucau
și băiatul nu se mai sătura de observat jucătoarea la pian din ocean.

&

by a lance-sharp word something crude and cosmic branded into my skin
when I'll finally count my five hundred words it will be too late
for the orgy and anyway those poets completely submerged in poetry
care less who's damaged by me poetical submarine number one
submarine number two the adult fell into the silence of a marine cemetery
some technical questions from a clockmaker a nuclear sub engineer
our submarine does not have the needed hydraulics to submerge
it sinks from the weight of books from which it is made and crafted
its papier-mâché skin is made of the boiled paper of masterworks
from the fallen bookshelf that disoriented briefly the beatnik
who put it in the strange position of pointing its head toward the sky
the beatnik had consumed a huge quantity of books for lunch
a gargantuan portion and when he was full he donated the remains
to an important library where hundreds of scholars
dressed in black robes fed hungrily on them
so the books existed only inside the pilots
but this didn't make them any lighter than the fallen shelves
whence they had been torn and swallowed without spices
a diet at odds with brains in search of nuance
for example what is a translated poem even if translated by the poet
*I need to tell you a great many more things about poetry*
the waves played outside such lectures and technical questions
and the boy couldn't get enough of watching the pianist in the ocean.

&

poezia sănătoasă are întotdeauna cheaguri de sânge în creier
aşa i-ar fi explicat pianista amerikanului dacă acesta i-ar fi fost elev
dar cum el nu putea fi aşa ceva
fiindcă nu rămăsese niciodată la nimic repetent
ea s-a lăsat prea puţin lecuită în privinţa nebuniei
iar amerikanul a scos-o doar fragmentar din ospiciul ei zburător
apoi brusc au început amândoi să-i ţină lecţii de poezie cui
fireşte submarinului singurul lor paj şi ucenic vrăjitor
cuminte submarinul îi privea sticlos prin ochelarii de scafandru
sfios îşi nota în carneţel ceea ce fiecare dintre pretinşii poeţi îi susura
ca să-l prindă într-o formulă alchimică într-o capcană într-o menghină
desigur submarinul era mai sensibil la şarmul şi nurii pianistei
decât la mustaţa cam teoretică şi mai puţin poetică a beatnikului
apoi de la un punct a fost evident că se va-ncinge o polemică îndrăcită
între cei doi foşti compatrioţi actualmente delirionişti netoţi
iar submarinul a devenit mai degrabă un martor mut dar nu şi surd
la bătălia zisă pe viaţă şi pe moarte dintre pianistă şi amerikan
ce mai tura-vura a început cel din urmă
tu faci din poezie un fel de french can-can
cu straturi suprapuse de fuste de ţigancă o chestie barocă tenebroasă
fiindcă îţi ia minţile şi le împrăştie

healthy poetry always has blood clots in its brain
is how the pianist might have explained it to the amerikan if he'd been
   her pupil
but this wasn't possible
because he'd never flunked anything
she wasn't dissuaded much on the question of madness
and the amerikan furloughed her only briefly from her flying loony bin
and so abruptly they both began lecturing the submarine
the submarine being naturally their only servant and apprentice wizard
the well-behaved sub looked glassily through his diver's goggles
noting asiduously everything that the so-called poets whispered at him
in order to contain him in some alchemical formula a trap a vise
of course the sub was more attuned to the charm and nipples of the pianist
than to the theoretical and less poetic moustache of the beatnik
and it was evident that a hellish dispute was going to break out any minute
   now
between the two ex-compatriots who were now unsteady delirionists
and the submarine was rather a mute but not deaf witness
to the life and death battle between the pianist and the amerikan
what a brouhaha started the latter
you turn poetry into some kind of french can-can
with layers of gypsy skirts a tenebrous and baroque thing
because it's possessed your brain and scattered it

iar tu faci din poezie i-a spus pianista
un soi de chewing gum ultramerikan
cu chipsuri picante şi gust veşnic mentolat
shit a izbucnit atunci beatnikul
fără ironie viaţa ar fi o desuetă prăvălie
fetiţo ia aminte la ce-ţi spun acum binevoitor şi deloc răstălmăcitor
ce vrei tu din prăvălia asta nefastă
sunt dantele panglici mătăsuri curele
eu vreau în schimb altceva vreau doar cuvintele limpezi
căzute direct din stele pricepi
vreau vorbele fără mărgele şi brizbrizuri
fără confetti fără măşti veneţiene
vreau un carnaval demachiat cu riduri şi cearcăne autentice
fără divagaţii ochioase ori întorsături bezmetice
dar nălucile scurgerile pure de fantezie în comă
şi licorile psihedelice cui le laşi
îl zgândări atunci pianista pe amerikan
la naiba-n praznic îi răspunse beatnikul
vremurile în care simţeam sub vulcan s-au dus
hai trezeşte-te din nefiresc şi nepământesc
vino în realitatea de aici şi acum
scoboară-te din tramvai urcă-n metroul scrijelit cu grafitti
de trăitorii la periferie
bea o bere cu mine fii măcar puţin slinoasă şi năpădită de murdărie
fii reală şi nu boreală
lasă-te prinsă-n cacealmaua prezentului dar nu cu vorbe de boală
fii tu însuţi nu pianistă cum te prefaci a fi
ci femeia de smoală din lăuntru care prea mult a stat închisă într-un cazan
fii propria ta negresă fluierând la volan
fii tu fii tu de trei ori fii tu rogu-te bea cu mine o bere
şi ronţăie alune sărate pe o terasă

and the pianist shot back you make from poetry
some kind of superamerikan chewing gum
with spicy glue and the taste of mentholated eternity
shit the beatnik burst out
without irony life would be but a nostalgia shop
take note girl what I'm telling you now plainly and well-meaning
what do you want from this musty old shop
ribbons tassels bolts of silk belts
me on the other hand I want only the clear expression
fallen directly from the stars *capisce*
I want words without beads and knickknacks
without confetti without venetian masks
I want a carnival without makeup with all the wrinkles showing
without flirty digressions or nonsensical turns
but then who do you let handle the phantoms
the psychedelic liquors
the pianist needled the amerikan
to hell and back with it the amerikan replied
the times I lived under the volcano are gone
wake up from the unearthly and the uncanny
come here into the real presence of the now and here
get off the tram and step into the graffito-scarred subway
made into art by slum-dwellers
have a beer get a little down and dirty
be real not airy-fairy
let the present catch you in its dance without malignant complaints
be yourself quit pretending that you're a pianist
be the red-hot momma who's been smoldering too long in her iron kettle
be your own cool black chick whistling at the wheel
be you be you be you three times let's have a beer OK
crack some salty peanuts at the bar

hai sictir replică atunci pianista bulbucată
nu voi abandona niciodată tromba psihedelică pleznind de ceață
sunt chiar eu acum cea care-ți vorbesc din rărunchi
cea vie adevărată pricepi nătărăule
nu voi renunța la vedenii colaje nici la delirium tremens
de la care am căpătat tărie până la os
nu voi renunța la fibrele lunatice stihii opiomanii lactee
la vaporii mistici apocalipsele hrănitoare
nici la autostopul meu de merlină cu efect de seră blasfematoare
nici la vagabondajul himeric
la iluminările oranj bulimia hocus-pocus
frenezia de videoclip cu heroină
incandescența schizo și fauve la un loc
febrele de spital și bombele cu efect întârziat din cerebel
hai sictir amerikanule
du-te-n realitatea scorțos de fadă
lasă-mă într-ale mele hipnagogii de carusel
asta vreau să fiu asta vreau să fac asta sunt
kaput am încheiat polemica
mă duc să fac un duș apoi mă-mbrac
așa că o pornim spre alte zone cu submarinul fără leac
fiindcă de stagnare și de letargie m-am săturat.

&

hey hold it right there the troubled pianist spoke
I will never abandon my psychedelic trumpet full of furling fog
I am myself the one speaking from her gut
the one who lives is true you understand you lunk
I won't give up fancies or collages or delirium tremens
that gave me strength down to the bone
I won't renounce the lunatic fibers the spirits the junkies the milk trails
or the mystical vapors and the nourishing apocalypse
or my witchy hitchhiking to an impious greenhouse
or my chimeric bumming
I won't give up orange lights bulimia hocus-pocus
franticness of heroin-laced music video
schizo incandescence simultaneously fauve
hospital fevers with brain-damaging after-effects
hey what the hell amerikan dude
go to to your crusty fashionable reality
leave me to my ferris-wheel hypnagogias
this is who I want to be and do this is who I am
kaput we are finished with this polemic
I'm going to take a shower get dressed
and let's take the submarine to some other places
because I'm stick of lethargy and stagnation.

nopți de fosfor și dungi de lumină pe plajele pacificului
ne-au fost dăruite din cer de nave albastre care ne-au făcut cu ochiul
dintre puzderiile de stele cu care-și decorau rotunjimile
în schimb noi le dăruiam noile dansuri imitând scoicile
trăgând din mare cina de miazănoapte peștișori de aur
urmărind liniile de forță pe care călătorea universul
clădind din ele edificii care mai târziu au dat celei de-a doua jumătăți
a secolului 20 forme de exprimare și de ființă
geniul amerikanilor pentru mecanică a prins din cosmos secretul
plasei electronice și al nemuririi fizice
deși un dulău tremurător așezat pe o stâncă a urlat toată noaptea
un urlet de prevestire și de amenințare un urlet de cupru și sare
dimineața ne-am trezit că moștenisem pământul
dar cum spunea iisus la ce îți folosește tot pământul
dacă ți-ai pierdut sufletul
o întrebare a cărei forță nu se diminuează niciodată
deși profesia noastră este să ne dăruim sufletul la tot ce trece
și la cine-l vrea sau chiar la cine nu-l vrea deși are nevoie de el
ceva neastâmpărat ca un fir electric descoperit îl face pe byron
să moară neiertat pe shelley să-și arunce inima nepieritoare pe rug
pe blestemați condamnați marginali infractori sexomani și adicți

blue spaceships winked at us from the sky and gifted us
with phosphorescent nights and strips of light on pacific beaches
they winked from the roving stellar spume that bathed their sleekness
and our gifts in exchange were the new dances we drew from shells
pulling our midnight feasts of golden fish from the waters
we gazed up at the lines of force the universe traveled on
building from them the structures that then gave birth to the second half
of the 20th century's forms of expression and being
the mechanical genius of americans drew from the cosmos the secret
of the electron web and physical immortality
even though a fierce cerberus dog barked all night on a rock
howling threatening omens a salt and copper howling
in the morning we woke to find out that we inherited the earth
but like jesus said what use is the earth
if you have lost your soul
a question whose power never seems to decrease
even if our profession is to offer our souls to all who pass by
whether they want it or not but even so they need us
something restless like a live electrical wire makes byron
die unforgiven and shelley to throw his undying heart into the pyre
and makes the damned the marginalized the criminal the addicts

să creeze viață din mucegai să-şi cârpească aripi din fructe putrezite
să sugă stele din viermi şi să roiască albine negre în căutare de flori rare
să construiască nave cosmice pe modelul celor zărite în cerul miraculos
al tinereții pe malul pacificului să slujească ca ghizi telepatici
turiştilor canibali din galaxii îndepărtate
sau invers să-şi cârpească submarine să exploreze adâncul
răspunsul atunci e că sufletul dăruit e suflet câştigat
că sufletul liber împărtăşit cu invenții ființe dor şi curiozitate
nu-i suflet pierdut ci dimpotrivă e suflet crescut
aşa că poetul cel mai generos cu verbul cu carnea cu timp cu spațiu
o să aibă un suflet enorm care o să răscumpere toate sufletele uscate
de neputința de a se imagina în zbor sub mare în pielea unui rechin
ai suflet pianistă clujeancă a submarinului neiertat dar bine utilizat
pe parcursul unei poezii vii pliată de elicele dure ale americii.

capable of drawing life from mold to craft wings from rotten fruit
to suck stars from worms to swarm like black bees seeking rare flowers
to build cosmic vessels modeled on the ones glimpsed in the miraculous sky
of our youth on the pacific's shore to serve as telepathic guides
for cannibal tourists from distant galaxies
or else to craft patched submarines for deep exploration
the answer then is that a soul freely given is a soul gained
that a soul freely shared with fancy beings longing and curiosity
is not a lost soul but on the contrary a soul that grows
so that the poet most generous with verb and flesh time and space
will have a huge soul big enough to buy back all the souls dried-up
by the inability to imagine themselves in undersea-flight
    inside a shark's skin
you pianist of the unforgiven but well-used sub from cluj have plenty of soul
on the trajectory of your live poetry sliced by america's hard propellers.

&

am uitat să-ți mai ſþun că o grămadă de lucruri deſþre poezie
am furat de la pink floyd și jim morrison
intrați pe sub piele ca niște inſecte cu picioruşe eleċtrice
ori poate că mă aflam chiar pe un scaun eleċtric și nu știam
creierul meu se diluase în acidul clorhidric al unui flamingo corcit c-o șopârlă
și-acolo în zona supervie scotoceam după lumi translucide
unele îmi ſtăteau deja în gât pe altele le-am aflat atârnând
de degetul mic de la piciorul ſtâng
aceſta era cel mai sfios organ al meu dar era himeric
și ſtatornic în dragoſtea față de ſtăpâna lui
am ſtat cot la cot prin cârciumi inexiſtente din alcool solid
fumând ca o șerpoaică șapte țigări una după alta
trase pe nas aſtfel încât praful morții bine dozat să ucidă alunecos
de fapt eram ucisă pe bucățele dar nu trupeşte
ci nelumeşte aşa am aflat ce eſte frumusețea
o ſtare extremă de suſþendare deasupra și dedesubtul lumii
o inimă pleznită în țăndări de lumină îndrăcită și patimă
toate aceſtea mi se întâmplau fiindcă simțeam cu asupra de măsură
fiindcă epiderma urcase la creier și controla de acolo cu felinare chioare
supraveghea viața până-n unghii și moartea până-n jar
și-apoi pe amândouă arzând la foc mocnit amăgindu-se cu limbile deſþicate
de fapt voiam să fiu o fachiră deșirând lumile diſþuse la descuamare
și norii îmbibați de ploaie din care ſtorceam fulgere transversale prin cerebel

I forgot to tell you a whole bunch of things about poetry
I stole from pink floyd and jim morrison
who got under my skin like insects with tiny electric legs
or maybe I was sitting unbeknownst to me in the electric chair
my brain was dissolving in the chloric acid of a flamingo crossed with a gecko
and in that ultra-live zone I looked for transparent lucid worlds
some were already hanging around my neck others I found
dangling from the little toe of my left foot
this was my shiest body part it's quite chimerical
and steady in its love for me its boss
I sat in crowded and imaginary taverns made of solid alcohol
smoking like a snake seven cigarettes one after the other
pulling smoke in my nose the dust of death calibrated to kill sinuously
in truth I was being killed piece by piece but not bodily
in this unworldly way I discovered beauty
an extreme state of being suspended under and above the world
a heart burst into splinters of demonic and passionate light
these things happened to me because I felt way too much
because my skin rose into my brain and using pale lights controlled
my life to my nails and my death to the bed of burning coals
and both burned steadily deceiving me with forked tongues
I think I wanted to be a a fakir undoing worlds read for dismembering
and the rain-heavy clouds from which my brain wrenched lightning bolts

de fapt preacurveam dar nu cu trupul ci cu imaginația
eram un autoduhovnic lecuit de gramatică dar nu de dicteul automat
deliria și halucinaria bâiguiau prin mine ca printr-o conductă astrologică
din care nici măcar visurile suave sau dimpotrivă
parșive la marginea dimineții
nu mai puteau să-mi viscolească pe față
ci doar să mă împungă cu ace ca pe o păpușă voodoo
dar a cui păpușă substitut eram a cui oare
a vreunei biserici subterane și zemoase
a vreunui clarobscur zgâriat și rostogolit în avalanșă
a vreunei călugărițe ratate cu unghiile înfipte-n carne de ciudă
peste care sfinții presărau cu mutre acre boabe de orez
a vreunui bătrân așezat pe geamantanul său din lemn sărăcăcios
într-o gară dintr-o țară comunistă așteptând în gol
fantezia mea era o cocă având destulă drojdie crescătoare în ea
așa încât stropea pereții ferestrele ușile
uneori era necesar să-i iau niscaiva sânge sau să-i tai părul
ca să nu o ia razna de tot să nu buimăcească bețivii cu insomnii
uneori eram silită să o spânzur de picioare și să o las să atârne
ca să pot și eu să mă bucur de vară și de puțintică dragoste
în timp ce aiuram și mă îndopam cu fructe de pădure
aiaiai era bine și rău la un loc era o noapte întredeschisă dar nepocăită.

&

I think I was whoring way too much in imagination not body
I was a self-trained monastic healed of grammar though not of
    écriture automatique
delirium and hallucinatoria coursed through me I was an astrologer's conduit
out of which not even fragile or lascivious dreams
could make themselves stormy enough for my gaze
sticking me only with needles like a voodoo doll
but whose substitute doll was I
a musty subterranean church
a scratched semidarkness rolling in an avalanche
a failed nun with her nails sunk into her flesh from envy
over whose body sour-faced saints sprinkled rice
an old guy sitting on his worn wooden suitcase
in the train station of a communist country waiting
my imagination was dough and it had enough yeast
to spray the walls the windows the doors
sometimes I had to draw a bit of blood or to cut its hair
to keep it from taking off aimlessly scaring the drunks into new insomnias
sometimes I was forced to hang it upside down and let it dangle
so that I might enjoy the summer and a bit of love
while ranting and stuffing myself with fruit from the woods
ayay it was good and bad at the same time the night was open and
    unrepentant.

&

*aici iar intră partea ta la ce este mai sus*
mi-ai spus şi aşa fac pe balconul unei dimineţi de plumb
poezia-i mai bună decât sexul fiindcă poezia te salvează de sex
dar sexul nu te salvează de poezie
dacă porţi în tine interspaţii cărnoase de coconi
să coci fluturi faci poezie care se poate schimba pentru sex
la orice ghişeu de schimb voluntar deschis 24 de ore
sau treci peste ghişeu ca şi cum ar fi numai un cerşetor
indiferenţa şi spaţiul sunt două arme dure folositoare
când poezia ajunge la temperatura caldă a pielii sânilor atenţi
fraţii şamani ne-ar spune că sexul e numai una din modalităţi
altele sunt zborul metempsihoza metamorfoza şi metafora
ceea ce ne duce înapoi la poezie şi ne închide în cerc
cu sexualizarea continuă a materiei prezente şi gata la schimb
şi chiar dacă semnăm un tratat de recunoaştere a imaginaţiei
acele imagini nu-s făcute decât din împreunări şi micşorări
în spaţiile dintre imaginile deja materializate de alte imaginaţii
deci manifestul meu ar fi o pagină albă şi prezentarea ar fi tăcere
refuz de a naşte forme şi creaturi noi şi umede
dacă n-aş fi tentat de picioruşele cu degete strâmbe
tremurând sub pian ca nişte căţei frumoşi de sorginte fantastică
şi de degetele ei nervoase pe clape cu fum subţire ieşind din ele
e posibil că mai puţin decât 5% din lumea materială ar exista

*here once again your part is added to what is above*
you told me and this is what I do on my balcony on this leaden morn
poetry is better than sex because it saves you from sex
but sex won't save you from poetry
of you who carry flesh cocoons in your interstices
baking butterflies you can make poetry to trade for sex
in any free exchange booth open 24 hours
or you may disregard the booth as if it were a beggar
distance and indifference are useful weapons:
when poetry reached the temperature of attentive breasts
our shaman brothers say that sex is one of the ways
others are flight metempsychosis and metaphor
which brings us back to poetry and encircles us
with the ongoing erotikon of present matter ready for exchange
and even if we signed a treaty recognizing imagination
those images will still be made of couplings and retreats
in the spaces between images already born and other imaginings
and so my manifesto would be the blank page and silence my performance
I refuse to give birth to new forms and new moist creatures
if only I wasn't tempted by the slender ankles and their twisted toes
trembling under the piano like pretty puppies born from fancy
and the nervous fingers on the keys with smoke coming out of them
it's possible that less than 5% of the material world would exist

dacă acei cățeluși de origine semiterestră și acele dansatoare degete
n-ar arunca fără încetare SOSuri motanilor înrăiți ai refuzului
nu mai vreau să particip sunt ursuz și-mi tremură mustățile
peste tot se intensifică istoria fiecărui eveniment
și sună trompeta care ne cheamă la umplutul spațiului
și magnetismul sexual ne suge ca un viscol din pământ
și ne trage către degetele fugind peste pian ca niște harpii zeloase
singure și refuzate li se intensifică misiunea și simt durerile facerii
în zborul peste pianul care geme fără muzica furată de vânt
împinse numai de un zeu albastru cu copite sâni și erecție
chemării nu-i ajunge spațiul se agață și de timp intră în trecut
după ce a răvășit prezentul și aduce de acolo mari asemănări și coincidențe
din care plămădește cuiele unor dorințe noi care te trag din nou spre ea
dar eu nu sunt sfântul anton chiar dacă mă pictez așa
i-aș face un dans îndrăcit i-aș visa coapsele și aș delira între ele
i-aș asuma forma și i-aș regiza foșnetele suspinele într-un cor de lăstuni
când ajung ei în america de sud o să-și revină parțial
i-aș fi doctor dar nu din cei liniștitori care să-i vegheze somnul
ci unul cu coarne pline de apa vie care i-ar reface trupul de două trei ori.

if these semi-terrestrial puppies and those dancing fingers
didn't launch ceaseless SOSes to the mean tomcats of refusal
I'm done with this play I feel cranky and my moustaches tremble
the history of each event is everywhere intensified
I hear the trumpet calling us to fill space
and sexual magnetism funnels us like a storm from the earth
and pulls us by our fingers in flight over the piano keys like zealous harpies
alone and refused their urgency intensifies and I feel the pain of shaping
in this flight over the piano moaning for its music stolen by the wind
pushed only by a blue hoofed god by breasts by an erection
space does not satisfy this call it accosts time and enters the past
after ravaging the present and bringing from it great joinings and coincidences
dout of which it hatches the nails of new desires that pull you toward her
but I'm no saint anthony even if I depict myself this way
I would swing her in hellish dance I'd dream her thighs rave between them
I'd take on her shape and I'd choreograph her sighs and whispers
    into a V of migrating swallows
when they arrive in south america she'd partially come to
I'd be her doctor then but not a reassuring one who watches her sleep
but one whose boney horns are full of the living water that rebirths her
    thrice.

&

într-un manual de poveşti şi basme într-un dicţionar fabulos şi ambulant
istoria amerikanului şi a pianistei ar fi putut suna astfel
(ia aminte *mon semblable*)
a fost o dată o regină şi un rege într-un submarin bleumarin
nu aveau sfetnici şi nici gardieni de ocean
ci doar nişte păsăroi de interior cu plisc cusut
dar cu ochi de ghepard lichid îmblânzit de sărut
de sărutul însuşi al submarinului care avea viaţă de sine stătătoare
deşi era doar un burduf metalic cu bot alungit de sare
şi-n acel submarin nu existau nici ţări steaguri ori vreo formă de onoare
ci doar o credinţă uriaşă în imaginaţia explodată prin splendoare
în pieliţele şi unghiile ei concrescute
peste care haleluiau senzaţii idei binemirositoare şi alăute
ar fi putut fi submarinul acela şi un soi de mănăstire turtită
dacă fantezia nu ar fi fost întărâtată
iar castitatea alungată şi ciumată
drept care târcoale dădeau mereu imaginile cercelate în ombilic
amuşinând orice nebunii ascunse-ntr-un chivot în formă de ibric
cu frenezie înfricoşătoare se roteau şi se lipeau acele imagini
de ţeasta capetelor străluminate şi gânditoare foc
din care psaltirile eretice înmugureau cu fălci de limbarnic prooroc

in a manual of folk and fairy tales in a fabulous moving dictionary
the tale of the amerikan and the pianist might have sounded like this
(pay attention, *mon semblable*)
once upon a time there was a king and a queen in a blue submarine
they had no court no ministers no guards
only some house-bound birds with beaks sewn shut
but with leopard eyes made gentle by kisses
the kiss of their submarine which had self-sufficient life within
even though it was but a metallic wineskin with a salt-elongated nose
and in this submarine there were no countries flags or ceremonies of honor
only huge faith in imagination exploded by splendor
into their soft skins and their nails grown together
above which wafted the incense-censers of fragrant ideas flour-dough
it's possible that this submarine was a sort of squashed monastery
if fantasy hadn't so overstimulated it
if chastity had been banished and poxed
resulting in a ring of umbilical images to circle them
squeezing whatever their mad doings hidden into an coffeepot alembic
furled and glued themselves with frightening urgency
to their illuminated thinking skulls a fire
from which the heretic gospels budded in the jaws of a logorrheic prophet

căci aceasta era gloria și faima acelui submarin scufundat și poate iertat

să intre-n transă cu fulgi barbari și să emită viziuni puștiitoare

niciodată îngăduite la iernat ori la vânătoare

ci doar în nisipurile mișcătoare din icoanele întoarse pe dos ca mănușile

și uscate ca pieile jupuite la soare

de aceea urzelile nelumești dar cu dinți de pește răpitor

mursecau din regele și regina fluidizați cu grație în submarin

fiindcă gustul lumii de sus ori de jos era orice s-ar zice

dulce-sărat dar și amestecat cu pelin

lucrul acesta nu era neapărat nesatisfăcător ci provocator

întrucât învelea într-o crustă de cerneluri și aghesme aparte

pergamentele injectate-n artere ca niște coconi căzuți de pe planeta marte

că din acei viermi aveau să răbufnească fluturi superbi și dantelați

acesta era o altă mâncare de pește despre care vom vorbi cu alt prilej

scriindu-le epistole pe îndelete tuturor șamanilor frați.

&

such was the glory and the fame of this submerged possibly forgiven sub
to trance out in barbarous snowflakes and to broadcast devastating visions
never permitted wintering or hunting
only the moving sands of icons turned to the wall like inside-out gloves
and dried like tanning hides in the sun
and this is why the witchy spells endowed with shark's teeth
partook from the king and queen graciously melting in the submarine
because the world above or the one below tasted exactly like they said
sweet-salty and mixed with wormwood
this was not necessarily unpleasant quite provocative in fact
insofar as it was wrapped in a layer of inks and special glues
the parchments they injected into their veins like embryos fallen from mars
because from those worms would come splendid embroidered butterflies
but this was another bouillabaisse of which we'll speak on another occasion
when we write detailed letters to our shaman brothers.

pe când submarinul zăcea pe covor păpușă favorită uitată pentru un alt joc
doctorul se concentra pe capul fierbinte al co-pilotului său delirant
și-i puse o coroană de floricele înconjurând un mac roșu deschis
din care țâșniră unul după altul modelele ei poetice cu plath în frunte
unele din ele exorcizate așa de tare loveau stelele din tavan și le depășeau
aici amerikanul rezistă cu mare noblețe tentației unei coregrafii
pornografice à la henry miller sau william burroughs și-și legă mâinile
și puse o barieră neagră făcută din goluri cosmice în fața veseliei lui
dar cu o plasă de fluturi captură ce poeți erau mai lenți și-i punea în borcan
unde își băteau furioși imaginile pe sticla ce le oglindea fețele distorsionate
de vicii pe care unul din ei dante scria numere negre cu o pană de gâscă
avea regrete doctorul că se lăsase de profesia de beatnik poetic și marinar
pentru practica unei doftorii exorciste și cam brutală în amănunte
el cunoștea mulți doctori care vroiau să devină poeți și scafandri
și era surprins de mofturile soartei care-l alesese pe el să fie co-pilot
pianistei din somnul căreia răsărise o pădure frumoasă pentru
sufletele zbuciumate ale copiilor care văd totul chiar înainte de a înțelege
o pădure cu copaci din renaștere pasiuni gotice fiecare copac un sfânt
fiecare erou o juma de zeu o picătură de foc divin din ramuri și fiecare tufiș

while the sub was lying on the rug a doll forgotten for the sake of another
    game
the doctor examined the burning head of his delirious co-pilot
and set a crown of tiny flowers surrounding a red poppy on it
and on the instant her poetic models led by plath burst out of her
some of them exorcised so hard they hit the stars in the ceiling and shot past
here the amerikan resists nobly the temptation of porn choreography
in the henry miller or william burroughs mode so he ties his own hands
and sets a dark barricade composed of cosmic voids in the way of his glee
but he does capture the slower poets with a butterfly net and puts them in a
    jar
where they smack hard their metaphors on the glass reflecting mugs twisted
by vices and one of them dante writes numbers in black with a goose quill
the doctor regrets having abandoned beatniking and sailing for medicine
to practice exorcist healing so brutal in its minutiae
he knew plenty of doctors who'd have rather practiced poetry and diving
and he was surprised by the whims of fate that chose him to be co-pilot
of this pianist from whose sleep had risen a pretty forest
meant for the troubled souls of children who see all before understanding
anything a forest with renaissance trees gothic passions each tree a soul
each hero half a god a drop of divine fire from a branch and each bush

un basm nesfârşit şi fiecare fir de apă o potecă luminoasă care duce în paradis
dar cu toate astea el credea în sănătate şi-şi vedea uzul în balanţa clasică
în drumul mijlociu în strada centrală balansată de bărbaţi într-o parte
de femei în alta cu monştri bine legaţi cu lanţuri păşind cuminte după ei
el se săturase de suprarealism ca de o tortă vieneză de ciocolată şi sânge
şi simţea acum că fiecare dybbuk şi demon care ieşea din pianistă
o făcea mai tânără şi mai tristă dar aşa se termină o dragoste doare
şi după un tratament lung ea adormi şi el îi puse submarinul în braţe.

an endless fairytale and each string of water a luminous path to paradise
but for all that he believed in health and saw his own use in the classical
     balance
in the middle of the road on the main street balanced by men on one side
by women on the other with well-leashed monsters walking mildly behind
     them
he was sick of surrealism it was a viennese cake of chocolate and blood
and felt now that each dybbuk and demon who came out of the pianist
made her younger and sadder and that is how a love ends it hurts
and after the long treatment she lay the sub in his arms and slept.

într-o zi din nu se ştie ce cauze obscure ori din ce handicap
pianista a făcut febră cu ciucuri la cap
drept care a început să vadă aiurea să simtă bolborositor
cu miezuri de frică şi duh crengos intrându-i în craniu
de parcă materia ei cenuşie ar fi plutit într-un acvariu
aşa încât l-a apucat de mustaţă pe amerikanul miop
şi l-a azvârlit cât colo stâlcindu-l de periscop
apoi a distrus panoul de comandă şi aparatura de supravieţuire
a otrăvit submarinul cu o sticlă incendiară şi cu spray lacrimogen
astfel încât nimeni să nu încerce asupră-i vreun deochi monden
s-a uitat după pisici negre lilieci după cucuvele dungate
fiindcă era şi vrăjitoare pianista aceasta cu delirul plătit în rate
aşa că s-a pus să vorbească şoptit cu ea însăşi
ferindu-se de vreo ureche ascunsă şi neunsă cu toate lichidele supunerii
apoi s-a pus să-şi cânte şerpuitor şi cu ninsoare în gât
rănindu-se uşor cu unghia pe chip precum un măgăruş fremătător
dac-ar fi putut sărmana ar fi luat-o la goană la sănătoasa
dar nu avea nici ceas nici ziare ca să ştie în ce an în ce zi se află
fiindcă lumea pentru ea devenise un păpuriş de iască
din care doar nişte infirmieri destoinici ar mai fi putut să o trezească
ţepi cu steluţe i se aprinseseră în pori maimuţe simţea în plămâni

one day for obscure reasons or for who knows what weakness
the pianist contracted fever with shingles on her scalp
she couldn't see very well and felt muddy and incoherent
balls of fear sank into her skull a ghostly branch pierced it
her brain sponge was floating in an aquarium
so she grabbed the amerikan by his moustaches
and shoved him so hard he hurt himself against the periscope
then she destroyed the command panel and the survival gear
she poisoned the submarine with tear-gas and a molotov cocktail
so that no one might throw some fashionable curse at it
she looked for her black cats and bats and striped owls
because she was a witch this pianist paid by the hour
and she began to whisper to herself
hiding from some unseen ear not yet dipped in the liquids of submission
then she chanted sinuously with snow in her throat
wounding herself lightly on the face like an impatient burro
if she could have she'd have high-tailed it out of here poor thing
but she had no watch or newspapers and had no idea of year or day
because her world had become a cattail swamp
only very skilled bush-guides might bring her back from
star-topped spikes lit up in her pores monkeys tore inside her lungs

o întreagă mașinărie o ciocănea în țeastă o ținea captivă într-un borcan cu clor
fiindcă ea era nervoasă transparentă și mult prea castă
noroc cu amerikanul nu chiar de tot stâlcit și fâstâcit
care i-a pus piedică astfel încât pianista a căzut în cap și s-a trezit
dintr-un somn letargic ori dintr-un cazan îmbrobodit
deja submarinul era distrus pe jumătate fără să fi protestat
fiindcă o iubea amarnic pe stăpâna aceasta cu felinarul minții cam spart
atunci amerikanul a luat frâiele și a început să pună de-o fiertură vrăcească
astfel încât să o vindece pe pianista inconștientă și amalgamată într-o broască
în orice caz cu ochi bulbucați și injectați
cu gingășie de proaspăt duhovnic a îngrijit-o a pansat-o i-a luat febra
a legat-o blajin când pianista a fost scuturată de friguri
ori când coșmarurile au bântuit-o cu strigoi și cu mortăciuni
ba chiar i-a pus la cap și doi dumnezeiești tăciuni
astfel încât ea să priceapă totuși că lumea e doldora umflată de minuni.

&

a complex mechanism knocked on her skull holding her in a chloroform jar
because she was nervous transparent and way too virtuous
good thing that the amerikan not so totally wasted and wacked
that he couldn't trip her and when he did so she fell on her head she woke up
from her bubbling cauldron of listless sleep
the submarine was half-destroyed already and was not protesting
because he loved his mistress even with her brain lights blinking on and off
so the amerikan took the wheel and started cooking a wizard's potion
to heal the semi-conscious pianist who now gathered herself into a frog
in any case something with bulging blood-shot eyes
he cared for her tenderly of a novice monk and relieved her fever
he bound her gently when chills shook her
and when her dreams haunted her with ghosts and rotting grave ghouls
he even put two burning holy coals at the head of her bed
so that all who saw her understood that the world was still miracle-full.

e straniu își zise el deja departe de lumea de vis pe care începea să o uite
dar simt ceva în piept un fluture cu cap de moarte și-mi dau seama
că ea mi-a intrat în sânge și încă ține submarinul strâns la piept
cu care se plimbă prin mine ca un turist sau ca un vagabond
face bine eu n-o să restrâng niciodată libertatea nici visurile fertile
teritoriile create de ea o să crească o să se complice o să se declare
triburi sau națiuni o să-și aleagă zeii din miile încă nenumiți
aventura noastră o să treacă în mit și o să fie imortal submarinul
caleașcă marină trasă de caracatițe în adâncul somnului începutului
și între pianistă și pilot o să plutească totdeauna o transylvanie transformată.

it's strange he told himself already far from the dream world he started to
    forget
but I feel something in my chest a death-head butterfly and I think I know
that she got into my blood still holding on tightly to her submarine
and she is rambling inside me like a tourist or a bum
it's ok go on I'll never curtail her liberty or her rich dreams
the places she's created will grow will grow more complex will declare
themselves tribes or nations choose gods from the myriad not yet named
our adventure will pass into legend and the submarine will be immortal
an aquatic carriage pulled by giant squid in the depths of the uncreated
and a retooled transylvania will always float between the pianist and her
    co-pilot.

a venit vremea să mă scobor alături de beatnikul înverşunat
în anul 1967 când submarinul galben s-a suit pe nori
eu aveam atunci doar patru sau cinci ani nu ştiam nici să număr
mă jucam de zor cu păpuşi le făceam de mâncare şi dormeam cu ele
dar new yorkul zăcea deja în mine deşi mi-era frică de lupi şi soldaţi
alergam pe dealuri primăvara să culeg liliac triplu
şi modelam din lut roşu grăsane voioase cu gura căscată
presimţeam venirea unui submarin de nicăieri
aceṣta avea să-mi intre uşor în vene odată cu injecţia contra tuberculozei
care ni se dădea la şcoală tuturor fetiţelor în uniforme cu pătrăţele
submarinul aceṣta avea apoi să-mi intre în pavilionul urechii
când mă îmbolnăveam cu încăpăţânare din nimic şi făceam febră
timpanul meu aluneca pe oceane neasemuite zbârlite
fiindcă auzeam muzici ciudate ale sferelor sfredelite de copite din aur
auzeam foşnetul unor ape uriaşe ṣpumoase cărnoase
care mă pieptănau în somn când salvarea sosea să mă ducă la urgenţă
ca adolescentă am călărit un geamăn al aceṣtui obieċt alungit
deşi nu îmi amintesc prea bine ce era poate un crocodil angoasat
poate un şarpe cu pene de-al aztecilor care se lăudau că pot zbura oricând
apoi ca adultă pe insulele greceşti am tot aşteptat submarinul să vină
şi să mă care în ṣpinare sau în burta lui la fel cum mă purtase mama în pântec

time has come to descend alongside the stormy beatnik
into the year 1967 when the yellow submarine rose into the clouds
I was only four or five years old I didn't yet know how to count
I played hard with my dolls I made them dinner and I slept with them
new york was lying inside me already but I feared wolves and soldiers
I ran up the hills in spring to gather lilac flowers
and I kneaded fat happy open-mouth figurines from red mud
I felt vaguely the arrival from nowhere of a submarine
who had little trouble slipping into my veins with the first TB shot
given at school to all the girls in our uniforms with little squares
later the submarine entered my ear through the cochlea
when I fell stubbornly sick for no reason and ran a fever
my temples slid over agitated and never-before seen oceans
I heard the strange music of spheres traversed by gold hooves
I heard the tumult of huge foaming fleshy waves
that combed my sleep when the ambulance came to take me to ER
in my teens I rode bareback on a twin of this elongated object
but I can't recall very well what it was an anxious alligator maybe
or maybe a feathered aztec serpent that could fly anywhere it desired
then as an adult on greek islands I still waited for the submarine to come
and carry me on his back or in his belly like my mother carried me in hers

când în 1999 am ajuns și eu la new york nu am zărit nici un submarin pe cer

în times square de anul nou a fost pocinog cu smog

focurile de artificii fumegau metropola cu labele ei de dragon

puhoi de oameni în cuști de carton

fără șampanie haine de sărbătoare sau acadele

așa încât nu îmi rămânea decât să mă întorc la un trecut ciuntit

care nu era al meu ci al amerikanului cu mustață de honved

și alături de el să cresc mare să sar direct de la patru sau cinci ani

la măcar nouășprezece ani și să strig împotriva războiului

să mă bat cu polițaii să scuip pe clădirile oficiale fără osanale

să port blugi și tricou să ascult rock în draci să fumez marijuana

să port zagadele la gât la glezne la încheietura mâinilor

părul să-l am împletit în zeci de codițe subțiri ca o negresă

unghiile vopsite în mov și lungi ca de zodier

pe cap o beretă gavroche și niște ochelari de soare cu iz retro

cam așa aș fi fost eu dacă săltând peste timp m-aș fi transplantat în 1967

și nu să-i țin de urât patruzeci de ani mai târziu postbeatnikului însingurat

care nu prea știa ce dorește și hălăduia cu imaginația cam hoțește.

but in 1999 I went to new york and I didn't see any submarine in the sky
at new year's on times square there was a whirling smoky mass
fireworks fumigated the metropolis with dragon paws
a mob of people inside cardboard boxes
without festive clothes champagne or party favors
so I had no choice but to return to a crippled past
that belonged not to me but to the amerikan with his hussar moustaches
and to grow up next to him by leaping over four or five years
to be at least nineteen years old and to shout against the war
to fight cops to spit on official buildings without much ceremony
to wear jeans to get high on pot and listen to devil's rock
to wear clanking necklaces at my ankles and on my arms
to give myself dozens of thin rasta dreads like a black girl
to let my nails grow and to paint them purple like an astrologer
on my head a beatnik beret and over my eyes some retro fifties specs
that would have been me if I'd jumped in time to 1967
instead of forty years later helping the lonely beatnik pass the time
because he knew not what he wanted as he followed his thieving imagination.

din cortul încins așezat pe câmpul de luptă se ridică un firișor de foc
compus din ochi înfierați de nesomn și de lacrimi mii de ochi micuți
și-n fiecare ochi văd oglindit universul imaginilor tale pictate minuțios
cu fiecare clipire se întorc pe dos și văd scrise pe ele cu litere roșii
caligrafia călugărilor zen din mănăstirea artei scrisului pe boabe de orez
simt bucuria existenței lor și admir arta abandonului care i-a lăsat în lume
și mă ridic uneori cu firișorul de foc în cerul albastru și când mi se face rău
de vertigo și simt fără-ndoială că o să cad mă prind cu o mână de submarin
și se echilibrează din nou universul făurit din darurile închipuirii tale
și tu chiar dacă zbori mai bine știu că ai piele subțire ca un pergament
medieval iluminat de călugării din bizanț o altă parte a lumii și văd
cum cresc pe tine brazde de durere ca și cum ai fi biciuită de stele și de ceartă
îți dau eu o piele de căprioară pe care am împușcat-o în munții din vest
și o blană cusută din iepurii pe care i-am dat jos cu pietre pentru familia mea
și o fină piele de urs tânăr pe care l-am sufocat cu mâinile goale chiar acum
pentru nu alt motiv decât să te protejez și să te încălzesc pe tine
ai zece metri de piele nouă și blana nu-ți poate face rău nici focul
nici discuția cam dură despre realitatea care ne mănâncă degetele și oasele
sub acel cort de piele care este cortul poeziei în care ești prințesă
poți să conduci simfoniile mari ale mișcărilor cerești terestre și submarine
eu stau cu hârtiile pe care-s scrise tot felul de ordine de execuție
și alte mârșăvii ale lumii care țin de ordinea strictă a necesarului
inclusiv teoria dăunătoare spiritului prin care detaliile cele mai fine
sunt cele dur observate de un ochi desprins din somn și antrenat în real
îmi iau slujba cu recunoaștere plină și luciditate maximă și las firișorul
de foc să aprindă încet toate sulurile uitate ale administrațiilor locale
să lingă cu flăcări tot ce doare în lumina aspră dintre două continente.

&

from the overheated tent on the battlefield rises a string of smoke
circles of insomnia and thousands of tears from half-shut eyes
in each eye I see reflected the universe of your minutely painted images
with each look they reverse themselves and I see written on them in red
the calligraphy of zen monks from the dojo where they study writing on rice
I feel the joy of their being I admire the ease that placed them in the world
and I sometimes rise on the smoke-string into blue sky and when I get dizzy
and feel sure that I'll fall I rest with one hand on the submarine
and the universe is realigned from the gifts of your imagination
and you may be a better flier but I know that your skin is a thin parchment
illuminated by byzantine monks in the middle ages far from here
I see how furrows of pain grown in you as if quarreling stars whipped you
I'm giving you the skin of a doe I shot in the western mountains
and a fur sewn from the rabbits I stoned for my family's fare
and the skin of a young bear I strangled with my bare hands just now
for the sole reason of protecting you and keeping you warm
you now have ten yards of new skin fur that keeps even fire from you
not to speak of the hard real-speak that ate our fingers and bones
under that leather tent that is poetry where you are the princess
you are free to conduct grand celestial aquatic terrestrial symphonies
I'll stay here with my stack of papers on which are execution orders
and other worldly horrors that belong to the strict order of the necessary
including the spirit-damaging theory that the finest details
are those observed most closely by eyes that are awake and trained in the real
I accept my job gratefully and with the utmost lucidity I leave the smoke-
    string
to set on fire all the forgotten scrolls of local administrations
to lick with flames what hurts in the harsh light between our continents.

&

răniți șchiopi uzi umpluți de atomii celuilalt martiri ai poeziei încarnate
își ating mâinile prin zdrențele submarinului deșirat de sare și dorință
abstracții salvate stau uitate prin cercuri de fum ca la muzeu
însă nici dumnezeu nici diavolul nu pot să taie părul și unghiile celor delirați
submarinul era un fetus ghemuit într-un fetus și mai ghemuit
străfundurile aveau dinții lucioși în fantezia ca o păpușă rusească
era ADNul salvării încolăcit deschis de două cuvinte-cheie șoptite
de două ori de fiecare prea simplu pentru un spărgător de seifuri
prea dulce pentru un tehno-sălbatic cu pulberea orașelor în tobă
fermoarul rupt al simțămintelor nu mai putea nici el mântui
doar poezia ave maria mai izbutea să înțepe până la urlet
aruncându-și pianul de la etajul unsprezece astfel încât să o audă lupii
chemați la răscruce în momentul exact pentru a fi zdrobiți de pian
doar două specii în pericol protejate de basme poeții și lupii nu pot
să se distrugă reciproc așa că se revarsă peisajul ca un desen dadaist
mare păcat că l-am îngropat pe tristan tzara într-un container sigilat
poate l-am fi putut ține în viață cu amfetamina unui cântec de dragoste
fântână de mosc în genunchi aceasta-i fericirea o năpustire împroșcând
nard și smoală pe doi pustnici cu mâinile pline de fulgi de hârtie decupați
dintr-o biblie cenușie în care dorm secole naufragiate pe o plajă de poezie
visați până puteți cânta dragostea sau risipiți-vă până vine duba cu pâine caldă
cu neînțelepciune plonjează orbitor peste noi o broască țestoasă
cu ruj pe pleoape drept care ne lepădăm de sânge suflet sau rugăciune
în somnul ei vertical stau doi piloți cu fisurile nopții-mbrățișate.

wounded lame wet filled with one another's atoms martyrs of incarnate
poetry
they touch each other's hands through the rags of the sub torn by salt and
want
rescued abstractions stand forgiven in smoke circles as if in a museum
but neither god nor the devil can cut these ravers' hair or trim their nails
the submarine was a fetus curled inside another curled fetus
the depths had shiny teeth of fantasy like a russian doll
it was the curled DNA of salvation opened by two key words whispered
twice by each one of them too easy for a safe-cracker
too sweet for a techno-savage with the dust of cities on his drum
even the torn zipper of feelings could not redeem
only the poetry of ave maria could pierce into a howl
throwing her piano from the eleventh floor so the wolves could hear
summoned under her balcony precisely at the time the piano falls
two endangered species protected by myth poets and wolves cannot
destroy each other to reverse the landscape like a dada sketch
too bad we buried tristan tzara in a sealed container
maybe we could have kept him alive with the amphetamine of a love song
fountain in a mosque this is happiness a pouncing splashing
balm and tar on the two wandering monks with hands full of paper
snowflakes
cut from a grey bible in which slumber centuries shipwrecked on poetry's
island
dream on until you can sing of love or waste yourselves until the warm-bread
paddy-wagon comes
a misunderstanding a sea-turtle falls blindly on us
with lipstick on our eyelids we renounce blood soul and prayer
in vertical sleep two pilots stand by the fissured night embraced.

---

[1]Lucian Blaga, major 20th century modernist Romanian poet, one of the first influences on the poetry Andrei Codrescu wrote in his youth.

[2]Cluj, old city in central Transylvania (the north of Romania). The birthplace of Ruxandra Cesereanu and her fictional persona, the pianist.

[3]These Romanian children's rhymes were freely reinvented by the translator. In Romanian they are real children's rhymes; in English the children are in Codrescu's head.

[4]Somesh, river that flows through a region of Transylvania that includes the city of Cluj.

# How We Wrote "Submarine"

*Ruxandra Cesereanu*

What is "Forgiven Submarine?" A poem as long as a whole book of poems?
Simply put, it is about two poetry lessons taught by a pianist (aka Ruxandra
Cesereanu) and a beatnik (aka Andrei Codrescu) to a "submarine" who wants
to learn poetry. Yes, this story sounds both surrealist and postmodern, but
there unfolds in the poem a soulful tale of the pianist and the beatnik trying
in every which way to adapt to one another, not always successfully. There is
a parallel history of high and not-so-high memories from childhood, adoles-
cence, and youth since both protagonists are natives of Transylvania, a region
that is richly mythicized. This would be the epic thread, split three ways.

The poem itself began by chance as a game and, in the process of writing,
became quite serious and profound. I had asked Andrei Codrescu for an
interview about his extravagant and variegated personality (I think that he is
now the most well known and demonstrative writer of Romanian origin
abroad). To give my questions some context, I told him that I had written a
literary manifesto about delirionism (an *ism* I've been theorizing for a few
years, about inducing a quasi-psychedelic trance through poetry). After read-
ing my manifesto, Andrei wrote me that he'd always been a delirionist.
Naturally, he was amused. I answered that we should write a poem together
sometime. Andrei answered in brief: "start the poem." So I did and sent him
the beginning. Then Andrei answered; I wrote something again; he answered.
The initial game turned quickly into a genuine poem, an authentic text with
its authors present in every word. And so it went until we had some seventy
pages—the entire process lasted a month or maybe a bit longer—in any case,
our "submarine" wrote itself in late 2006.

We then realized, after re-reading and fixing things here and there, that
the poem was nearing the end and that a fascinating monster had been creat-
ed or born. Until this point our voices were recognizable, because each one of

us responded to the other with their own whole section. For the ending, however, we decided to write linked verses, so that our voices could no longer be distinct, but alchemically fused. Originally, I wrote a dramatic, somber grand finale by myself, but I abandoned it, and we kept the ending written together according to the alchemical formula, an ineffable ending. Of course, the resulting poem was not by any stretch a delirionist work. It was born from what I had been theorizing, but all that was only a pretext to write something together.

Each of us wrote as much as they felt like writing, to the extent, that is, of their vision, from ten lines minimum to one hundred. We didn't respond to one another with an equal number of lines, but only as many as we felt maintained the poetic breath and inspiration. It was only in the end that we worked in consecutive tercets, trying to adapt to the other's style, so that our voices would become indistinct and impossible to tell apart. For most of the poem, our voices are relatively clear: it is obvious who speaks through the pianist's mouth and who through the beatnik's.

There are no repetitions (structural or technical) in "Forgiven Submarine." The splendor of this poem comes from the naturalness of its delirium. But I must confess in all earnestness that I worked my butt off. I wrote much of the text in a feverish state: simply writing and consumed to the point where I actually contracted a high temperature. It was a marvelous, awesome, and terrifying experiment.

# How We Wrote "Forgiven Submarine"

*Andrei Codrescu*

I'll try to shed some light on the story of this poem, but I ask your forgiveness ahead of time, because I may not be able to quite do it. The poem itself contains many comments on its genesis and unfolding.

I think that it's a love story made out of a lot of stories, some of them told in their entirety, others in fragments. I met Ruxandra briefly at the Neptune poetry festival at the Black Sea in 2006. She gave me a poetry book that I read on my way back to the U.S. Her poems electrified me and renewed my faith in poetry. The effect was immediate, a fast-acting drug. Poetry demands constant attention, oaths of loyalty, tests of faith, it is a capricious lover, hard to maintain. I write novels, I lecture, I teach, I travel, it's hard to give myself completely over to poetry. Now and then I forget her, but when I remember, as was the case with Ruxandra's poetry, I'm struck by lightning, thrown to the ground, and feel battered by the storm.

"Forgiven Submarine" is the whole story of a difficult love, from the first signs of tenderness, through a life-and-death battle, to a reconciliation made necessary by wisdom, or something like it, an affair conducted from a great distance through literature and technology. The "submarine" in which we travel (sometimes inside, sometimes on top of it) is our thread of Ariadne. The poor submarine, more abused than comforted, saved us from all sorts of monstrous baroque undersea cliffs and allowed our sentimental and intellectual dramas. I feel as I've lived "thousands of years... in as many seconds"[1] while writing this and I felt, as well, that I was touching down deeply in psychological territory forbidden to forms other than poetry.

The title and idea for the poem came from Ruxandra. I found the title ridiculous at first. A submarine? Forgiven? By whom? These questions had the effect of a gradual awakening. I began with the cheerful intention of making sense of the absurdity of the title with some playful and smart replies, and then found myself in full defensive posture on a nocturnal battlefield crossed by fires and phantoms. The poem created for us, quite rapidly, a different space, a time of its own, transforming us into two creatures that started living at a nearly unbearable pitch of intensity.

This is a poem written via e-mail. The fact that it was night in my house in America and daytime in Ruxandra's Romania and vice-versa, gave us an odd sensation from the start. We lived in an unusual interstice of time where not many people venture. Many times I woke up abruptly in the middle of the night, feeling the coming of dawn in Romania and seeing the screen of Ruxandra's computer light up. At a certain point I lost the logic of my working days and I slept very little. The poem possessed me. I forgot my duties to my near and dear, I mixed up schedules, I screwed up engagements. I became an obsessed insomniac. I wrote in a trance and I expected an immediate answer from Ruxandra, and if the answer didn't arrive immediately I became overwrought like a teenaged girl. I know what I'm saying here, because one of the "themes" of "Submarine" is trading often roles between woman and man, girl and boy. The poem gained additional intensity from the e-mail exchange. Sometimes my body vanished and became a pixel that traveled from my screen directly into Ruxandra's.

At the beginning of the poem, our two voices are distinct, but later they can be distinguished only when they insist on it. There are places where we assumed one another's voices. Sometimes we wove them together and harmonized. There is a third voice as well, but the poem is the history of a multiplicity, a chorus of personae elicited from us by the "submarine."

I wrote only what I needed in order to understand, to hear, and to reply to what Ruxandra wrote; occasionally, when I needed to give her the courage to continue, I wrote more. At other times, I stopped, unable to continue, and then Ruxandra healed with charms and got me back on my feet to fight another day. At those times, she wrote more.

We also discussed at length what we had written. Some of these discussions are reflected by the text, others unfolded in long and short letters that are an interesting text in themselves, a story outside the story, that is at times technical, at others, more intimate.

––––––––

[1] In Romanian, "mii de ani... în tot atîtea clipe," allusion to a famous poem by the 19th century Romanian poet Mihai Eminescu.

# A Note on Translation

*Andrei Codrescu*

"Forgiven Submarine" is the Romanian language for me. I hadn't written poetry in my native language since the age of twenty when I'd lost my poetry notebook in New York. This very special notebook of poetry written after my emigration from Romania in 1965, was not a notebook at all: it was a book by an Italian poetess with a lot of white space on each page. I wrote in Romanian in the white spaces of this book of bad Italian poetry, and the more of my own poetry I wrote, the more I hated the Italian poems of Renata Pescanti Botti, the author. When I lost the book, it was not only my own poetry I lost, but also the angrily and amusedly defaced poetry of R.P. Botti. Hello, English language that I didn't speak very well! I gave myself over to you, and when now and then I felt the urge to gurgle in my baby-tongue, I lost the scribble of the gurgle as soon as I committed it to paper. When Ruxandra proposed our collaboration I was amazed how much poetry in Romanian was in me, waiting to burst its dungeon. Maybe it was the need to respond and the practice I'd had reconnecting with the live language since 1989 (when I first returned more than a quarter of a century later to cover the death of communism) that undammed my poetic flow. The best thing about it is that my poetry faucet, shut for decades, gushed like the teenager I'd been when I shut it. The writing drama of "Submarine" was compounded by the psychological drama described in "How We Wrote 'Forgiven Submarine.'" When the poem was finished, in the Romanian language, Ruxandra and I examined it minutely for grammar, orthography, and false friends. Ruxandra helped me fix some of these, but there were surprisingly few. I was proud: I'd written a poem in Romanian forty years after I had Rimbaudelaire'd out of Sibiu, my birth city. I was proud and I didn't want to re-read it again until forced to at gunpoint by a crazed Ph.D. candidate. Well, not really, because Ruxandra and I gave two public readings of the complete poem, but we each only read our own parts. So, imagine my terror when I realized that in order to have the poem in English for Black Widow Press, I'd have to translate *the whole thing myself.* That included not just my parts, but also Ruxandra's, and I thus had to relive the whole psychological drama all over, only more intensely, because now it wasn't just a question of revisiting the various difficulties, but also finding a way for them to play in the language of my adulthood, English. What seemed, in Romanian, to often be a blessed release back into a more innocent time (when I spoke Romanian and only Romanian every day) was now going to be paid for by having the adult think it over. Translation is harder than the first writing, not only because of the inherent difficulties of different languages (different world-views) but also because the translator has to rethink the *music* of the original. Now multiply that problem by the awkwardnesses of translating one's own self, one's own self *and* one's respondent (and often nemesis), and then subjecting the whole to your co-author for a reading of what may or may not have been satisfactory. The thing was, in a word, *untenable,* and possibly *untranslatable.* By mere mortals, I mean. I did it anyway. Maybe it's grotesque but, so far, Ruxandra hasn't been screaming across the ocean. I'd have heard her, and then the poem would become "Forgotten Submarine," instead of "forgiven," like it is now.

# Author Bios

**Ruxandra Cesereanu** wrote *Crusader-Woman* (Black Widow Press, 2008), *Schizoidian Ocean* (1998, 2006), and *Birth of Liquid Desires* (2007). She is a *femme-de-lettres* whose many novels, essays, and poetical works could not be confined to Romania and are now invading the psyche of readers around the world. She is professor of comparative literature at the Babeş-Bolyai University in Cluj and an editor at the cultural magazine *Steaua*.

**Andrei Codrescu** wrote *The Posthuman Dada Guide: Tzara and Lenin Play Chess* (Princeton University Press, 2009) and *Jealous Witness: New Poems* (Coffee House Press, 2008). He is an *homme-de-lettres* whose novels, essays, and poetry have been infiltrating the American psyche since he emigrated, from Sibiu, Romania to Detroit in 1965. He is a regular commentator on National Public Radio and edits the online journal *corpse.org*.

# TITLES FROM BLACK WIDOW PRESS

## TRANSLATION SERIES

*Chanson Dada: Selected Poems* by Tristan Tzara
Translated with an introduction and essay by Lee Harwood.

*Approximate Man and Other Writings* by Tristan Tzara
Translated and edited by Mary Ann Caws.

*Poems of André Breton: A Bilingual Anthology*
Translated with essays by Jean-Pierre Cauvin and Mary Ann Caws.

*Last Love Poems of Paul Eluard*
Translated with an introduction by Marilyn Kallet.

*Capital of Pain* by Paul Eluard
Translated by Mary Ann Caws, Patricia Terry, and Nancy Kline.

*Love, Poetry (L'amour la poésie)* by Paul Eluard
Translated with an essay by Stuart Kendall.

*The Sea and Other Poems* by Guillevic
Translated by Patricia Terry. Introduction by Monique Chefdor.

*Essential Poems and Writings of Robert Desnos: A Bilingual Anthology*
Edited with an introduction and essay by Mary Ann Caws.

*Essential Poems and Writings of Joyce Mansour: A Bilingual Anthology*
Translated with an introduction by Serge Gavronsky.

*Poems of A. O. Barnabooth* by Valery Larbaud
Translated by Ron Padgett and Bill Zavatsky.

*EyeSeas (Les Ziaux)* by Raymond Queneau
Translated with an introduction by Daniela Hurezanu and Stephen Kessler.

*To Speak, to Tell You* by Sabine Sicaud *(Forthcoming)*
Translated by Norman R. Shapiro. Introduction and notes by Odile Ayral-Clause.

*Art Poétique* by Guillevic *(Forthcoming)*
Translated by Maureen Smith.

*Furor and Mystery and Other Writings* by René Char *(Forthcoming)*
Edited and translated by Mary Ann Caws and Nancy Kline.

*La Fontaine's Bawdy* by Jean de la Fontaine *(Forthcoming)*
Translated with an introduction by Norman R. Shapiro.

*Inventor of Love & Other Writings* by Ghérasim Luca *(Forthcoming)*
Translated by Julian and Laura Semilian. Introduction by Andrei Codrescu.
Essay by Petre Răileanu.

*The Big Game* by Benjamin Péret *(Forthcoming)*
Translated with an introduction by Marilyn Kallet.

*I Want No Part in It and Other Writings* by Benjamin Péret
Translated with an introduction by James Brook. *(Forthcoming)*

*Essential Poems and Writings of Jules Laforgue* *(Forthcoming)*
Translated and edited by Patricia Terry.

*Preversities: A Jacques Prevert Sampler* *(Forthcoming)*
Translated and edited by Norman R. Shapiro.

## MODERN POETRY SERIES

*An Alchemist with One Eye on Fire* by Clayton Eshleman

*Archaic Design* by Clayton Eshleman

*Backscatter: New and Selected Poems* by John Olson

*Crusader-Woman* by Ruxandra Cesereanu
Translated by Adam J. Sorkin. Introduction by Andrei Codrescu.

*The Grindstone of Rapport: A Clayton Eshleman Reader*
Forty years of poetry, prose, and translations by Clayton Eshleman.

*Packing Light: New and Selected Poems* by Marilyn Kallet

*Forgiven Submarine* by Ruxandra Cesereanu and Andrei Codrescu

*Caveat Onus* by Dave Brinks *(Forthcoming)*
Complete cycle, four volumes combined.

*Fire Exit* by Robert Kelly *(Forthcoming)*

## NEW POETS SERIES

*Signal from Draco: New and Selected Poems* by Mebane Robertson

## LITERARY THEORY/BIOGRAPHY SERIES

*Revolution of the Mind: The Life of André Breton* by Mark Polizzotti
Revised and augmented edition. *(Forthcoming)*

# WWW.BLACKWIDOWPRESS.COM